中国传统文化英译的
技巧与实践研究

李依露 著

中国国际广播出版社

图书在版编目（CIP）数据

中国传统文化英译的技巧与实践研究 / 李依露著.
北京：中国国际广播出版社，2024.8. --ISBN 978-7-5078-5617-0

Ⅰ．K203

中国国家版本馆 CIP 数据核字第 2024X9514L 号

中国传统文化英译的技巧与实践研究

著　　者 李依露
责任编辑 万晓文
校　　对 张　娜
版式设计 邢秀娟
封面设计 豫燕川

出版发行	中国国际广播出版社有限公司　[010－89508207（传真）]
社　　址	北京市丰台区榴乡路 88 号石榴中心 2 号楼 1701
	邮编：100079
印　　刷	北京启航东方印刷有限公司
开　　本	787×1092　　1/16
字　　数	150 千字
印　　张	11.25
版　　次	2024 年 8 月　北京第一版
印　　次	2024 年 8 月　第一次印刷
定　　价	58.00 元

版权所有　　盗版必究

前言

随着全球化的深入发展，文化交流的桥梁正在不断拓宽，中国传统文化也越来越多地走向世界舞台。在这一背景下，如何准确、生动地将中国传统文化翻译成英语，让更多的国际读者理解和欣赏，成了一个重要的课题。本书正是在这样的背景下应运而生，旨在探索和总结中国传统文化英译的技巧和实践经验。

本书是一本研究中国传统文化英语翻译的著作，其目标是为翻译工作者、文化研究者以及对中国传统文化感兴趣的读者提供一套系统的翻译方法和实践指南。我们将从理论和实践两个层面出发，分析中国传统文化英译的特点和难点，探讨如何处理文化差异、语境理解以及翻译中的疑难问题。

全书分为六章。第一章作为全书开篇，首先介绍了翻译的基本理论，从而为下述章节的展开做好铺垫；第二至三章从文化与翻译的角度进行阐述，内容涉及文化与翻译概论、文化翻译观，以帮助读者对这方面知识有一个基本的了解；第四至六章是中国传统文化英译的具体应用，从物质文化英译、生活文化英译、语言文化英译几方面展开了论述。本书以文化翻译为框架，以中国传统文化英译为主线进行了深入、全面的探讨。

我们希望本书能够为完善文化翻译理论体系，推动中国传统文化的国际传播做出一份贡献。通过本书的学习，读者将能够更加熟练地将中国传统文化翻译成英语，促进中西文化的交流与融合。同时，我们也期待本书能够激发更多人的研究兴趣，推动中国传统文化英译领域的不断发展和完善。

  由于时间仓促和水平有限，书中难免存在问题和不足，恳请读者批评指正。同时，本书引用了许多学者的理论和方法，在此表示衷心的感谢。

李依露

2023 年 5 月

目 录

第一章 翻译的基本理论 … 1
- 第一节 翻译的定义 … 1
- 第二节 翻译的本质 … 2
- 第三节 翻译的准备 … 7
- 第四节 翻译的角色 … 12
- 第五节 翻译的价值 … 17
- 第六节 翻译的目的 … 29
- 第七节 翻译的意识 … 33
- 第八节 翻译的策略 … 36

第二章 文化与翻译概论 … 42
- 第一节 文化与中国传统文化概述 … 42
- 第二节 中西方翻译理论概述 … 49
- 第三节 翻译对译者的要求 … 74
- 第四节 文化与翻译的关系 … 87

第三章 文化翻译观 … 101
- 第一节 中西文化翻译观 … 101
- 第二节 文化翻译中的常见问题 … 116
- 第三节 文化翻译的原则与策略 … 126

第四章　物质文化英译······134
第一节　服饰文化英译······134
第二节　饮食文化英译······140

第五章　生活文化英译······146
第一节　茶文化英译······146
第二节　酒文化英译······153

第六章　语言文化英译······156
第一节　语言与文化······156
第二节　古诗词文化英译······157
第三节　中国特色词汇文化英译······164

参考文献······171

第一章 翻译的基本理论

第一节 翻译的定义

无论西方,还是东方,翻译工作都可谓历史悠久,源远流长。我国有文字可考的翻译,最早可以追溯到公元前1世纪刘向所著《说苑·善说》中所记载的《越人歌》,此文距今已逾两千年。西方有文字可考的最早笔译活动可以追溯到公元前约250年。罗马人里维乌斯·安德罗尼柯(Livius Andronicus,公元前284年—公元前204年)使用拉丁文翻译的《荷马史诗》,距今已有2200年。翻译工作已走过了千百年的历程。千百年来众多翻译工作者的辛勤努力,使翻译工作日臻完善。但欣慰之余,我们亦应清醒地意识到这种成就背后所存在的问题,即究竟什么是翻译?翻译活动应当遵循什么标准?关于这两个问题的讨论,自翻译产生时就从未停止,可谓妙绪纷披,佳论络绎。翻译的标准确系应当首先解决的问题。毕竟我们无论做何事情,都须有一个标尺。正所谓"没有规矩,不成方圆"。

纵观中外翻译发展史,关于翻译的定义可谓不胜枚举。苏联语言学派翻译理论家费道罗夫(Fedorov)说翻译就是用一种语言把另一种语言在内容和形式不可分割的统一中业已表达出来的东西,准确而完全地表达出来。苏联翻译理论家巴尔胡达罗夫说:"翻译是把一种语言的言语产物,在保持内容也就是意义不变的情况下,改变为另一种语言产物的过程。"美国著名翻译理论家尤金·奈达(Eugene A. Nida)说:"翻译是在接受语中寻找和源语信息尽可能接近、自然的对等话语,首先是意义上的对等,其次才是风格上的对等。"我国现代学者林汉达说,正确的翻译就是尽可能地按照中国语文的习惯,忠实地表达原文中所有的意义。我国现代学者徐永焕说:"翻译是译者用一种语言来表达原作者用另一种语言表达的思想。"我国当代学者王以铸说:"好的翻译绝不是把原文的一字一句硬搬迁来,而主要的却是要传达原来文章的神韵。"纵观中外翻译名家关于翻译的理解,可谓仁者见仁,智者见智。若细细加以推敲,不难看出,作为一种文字之间转换活动的翻译,主要包括如下特征:首先,在信息和风格上要使翻译作品与原语言作品等值;其次,这种等值应是尽可能地接近,而非机械地生搬硬套,一味追求形式上的对等,从而牺牲了某些更重要的东西;最后,要注意不同体裁的作品在各个方面的诸多不同,不能千篇一律,"一视同仁",即注意各种文体在个性上的差别。

综合地讲,翻译是指把一种语言文字的意义转换成另一种语言文字。简言之,翻译是一种用不同的语言文字将原文作者的意思准确地再现出来的艺术。从以上翻译定义我们知道,原文的思想必须尽可能得到保持,不可有所增删改变。译者的任务只是转换文字而不是改变其意思。因此,翻译有两种要素:准确性和表达性。准确性是翻译的首要条件。译者必须谨慎地遵循原作者的意思,所选用的字词和句式结构必须如实地传达出原文的思想。表达性是让译文易于理解。换言之,译者必须用自己的手段尽可能地将原文的思想清楚有力地表达出来。准确性使译出的思想明确无误,而表达性则使译文生动,具有魅力。

第二节 翻译的本质

本质是指事物本身所固有的决定事物性质面貌和发展的根本属性,人们对翻译这一事物的本质的认识,主要体现于人们给翻译所下的定义,因为定义是要反映事物的本质属性的,是对一种事物的本质特征或一个概念的内涵和外延的确切而简要的说明。

无论是在中国还是在外国，翻译都是一项极其古老的活动。但是，尽管人们一直从事这项活动，翻译理论的发展却远远没有跟上实践的需要。

翻译学是一门跨学科的综合性学科，它涉及的许多相邻学科便成为研究翻译的多种途径。人们从不同学科和多种角度研究翻译活动，对翻译概念的表述就会各有不同，对翻译特性的描绘也会存在差异。从语言学角度研究，翻译是用一种语言把另一种语言所表达的思想内容准确而完整地重新表达出来的语言活动。从文化学角度探讨，翻译是译者将一种语言文字所蕴含的意思用另一种语言文字表述出来的文化活动。从交际学的角度考察，翻译则又成了一种跨语言、跨社会、跨文化的交际活动。国外当代翻译理论家巴兹尔·哈提姆（Basil Hatim）等人也认为翻译是发生在某一社会语境里的交际过程。由此观之，翻译本身有着多重定义也就不足为奇了。正是这许多的定义，使我们对翻译的认识也在一步一步地接近本质。

为了探寻翻译的本质，笔者拟选取一些国内外有代表性的翻译定义，进行简要的评述。翻译在《辞海》中的解释是"把一种语言文字的意义用另一种语言文字表达出来"，在《牛津英语词典》中则被认为"在保留意义的情况下从一种语言转变成另一种语言"。

英国著名语言学家和翻译理论家卡特福德（Catford，1965）给翻译下的定义是：一种语言（译出语）的话语材料被另一种语言（译入语）中的对等的话语材料替代。从这个定义中不难看出，卡特福德认为翻译主要是两种存在状态，一个是源语即译出语，另一个是译语即译入语。这种定义方式既不讲翻译主体，也不提翻译过程，很难说它切中了翻译活动的实质。

奈达（1964）则认为，翻译是指首先从语义上，其次是从文体上用最贴切最自然的对等语，在译语中再现源语的信息。与上一定义相比，这并没什么根本差别，它只是把上一定义中的对等具体化了而已。费道罗夫有关翻译定义的引进其实要早于以上两位（20世纪50年代初），他说，翻译是用一种语言手段忠实全面地表达另一种语言表达的东西（传达的忠实和全面是翻译区别于转述简述以及各种改写之所在）。由此可见，上面两位的等值论其实是来自费氏的"忠实全面"，在揭示翻译活动的本质方面，它们都有一个共同的缺点，那就是没能明确揭示翻译与其他活动的根本区别，它们所区分的只是不同类型的翻译，而把不忠实、不全面、不对等的翻译都排斥在翻译之外。其实，摘译、编译之类的活动也是翻译，因为上述活动都主要表现为语言间的意义转换，费氏对其翻译定义进行了修改，认为翻译是将一种语言（源语）的言语产物用另外一种语言（译语）予以再现，翻译是一种语言创作活动。定义的变化反映了论者翻译观的变化，这里已没有了"忠实全面"，翻译成了一种语言创作活动，这一变化可谓深刻。一方面，它是国际语言学研究从规定语法到描写语法的转变在翻译研究中的反映；另一方面，它说明了论者的认识发展变化。

对翻译本质的认识在不断改变，威尔斯（Wilss）比以上三位又进了一步，认为翻译是将源语话语变为尽可能等值的译语话语的过程。首先，这里没有了硬性的规定，只说尽可能等值；其次，过程揭示了翻译活动本身与翻译活动的结果之不同。英国语言学家威多森（Widdowson）曾言，结果与过程之分非常重要。苏联翻译理论家巴尔胡达罗夫对区分过程与结果的重要性也有专门论述，他认为翻译是把一种语言的言语产物在保留内容方面也就是意义不变的情况下改变为另外一种语言的言语产物。

张培基等编写的《英汉翻译教程》开篇给翻译下的定义是：运用一种语言把另一种语言所表达的思维内容准确而完整地重新表达出来的语言活动。书的编者是把翻译作为行为来界定的，在这里，翻译是一种特殊的语言活动，它与其他同为语言活动的行为（如文学创作）有所不同，这就在一定程度上揭示了该事物的本质，其缺点在于它与国外某些定义一样，加入了不能客观全面地反映翻译活动面貌的准确完整一类的限定词。20世纪80~90年代翻译研究成绩斐然并在国际上影响日盛的以色列吉迪恩·图里（Gideon Toury）教授说，不准确、不完整的较差的翻译终还是翻译，不是其他不同的活动。正如蔡毅、王克非等学者指出的那样，应当把翻译的定义与翻译的质量要求及标准区别开来。许多人因此给翻译重新下过定义："翻译是将一种语言传达的信息用另外一种语言传达出来。"（蔡毅）"翻译是将一种语言文字所蕴含的意思用另外一种语言文字表达出来的文化活动。"（王克非）王先生的第二个定义比第一个多了"译者"二字，较之于他本人的第一个定义及蔡先生的定义，虽说只多了两个字，但却进了一大步，因为翻译活动含主体、客体两方面，少了"译者"二字，就不能将翻译的主体明示出来。方梦之在其《翻译新论与实践》一书中，推荐给我们的翻译定义是：翻译是按社会认知需要，在具有不同规则的符号系统之间所做的信息传递过程。这一定义的长处，正如方先生所释，在于它高度的概括力，既包括了语际翻译，也包括了符际翻译。笔者认为，其长处主要还表现在他将翻译视为一种过程，此外，定义中虽未出现"译者"二字，但按社会认知需要，显然指的是译者，应当说这一定义较多地揭示了翻译的本质。

总之，翻译作为一项实践活动，涉及主体和客体两个方面，将以上评述加以归结，可将翻译定义如下：翻译是译者设法将一种语言所传递的信息用另一种语言表达出来的跨文化交际行为。

翻译就其本质只能是一种部分翻译，忠实地再现原文的部分信息，再现原文的所有信息是根本不现实的。原因有三：其一，原文和译文所在的两种语言系统之间存在着互不容纳的语言特点；其二，两种语言所在的文化系统间存在差异；其三，源语读者和译入语读者的信息负载量（information load）不尽相同。因此，对文本解读时，借用伽达默尔（Gadamer）哲学解释学关于"理解历史性"话语，就是译者视界和作者视界永远无法完全重合。所以，翻译文本不可能全部再现原文本的读者在阅读时所唤起的他对文本所在的整个文化领域（例如风俗习惯、法律、物质条件和文化规范等）的联想意义，文化过滤现象不可避免。换言之，完全忠实、对等的翻译是柏拉图式的空想。

从这一定义中，还可以归纳出翻译活动的三个主要特征。

首先，翻译活动是一种跨语言、跨文化的双重交际活动。

翻译是一种交际活动，这是毫无疑问的。翻译是译者借助自己的源语知识去认识原文中所反映和传递的观点情感和信息等，形成自己的思维世界，又将自己的思维世界通过另一种语言转化成译文，以便传递给译文读者的过程。然而，翻译不是一般的交际活动，而是一种双重的交际活动，它比一般的交际活动更为复杂。其根本原因是作为翻译活动的主体，即译者在交际过程中充当了双重角色。译者接受并理解原文所传递的信息，形成自己的思维世界，从而完成第一次交际活动。然后，译者发出信息并通过译文向读者传递信息，使译文的读者形成自己的思维世界，从而完成第二次交际活动，它涉及两种语言所代表的两种不同的文化。所以说，翻译活动是一种跨语言、跨文化的双重交际活动。

其次，翻译活动是一种间接认识和译语表达。

这是翻译的本质所在。从表面上看，翻译活动与创作活动一样，都包含了认识和表达过程。但是，它们之间却有着本质区别。首先，在翻译（尤指笔译）的交际过程中，明确的活动主体只有译者一人，由于原文作者的不在场，再加上时过境迁等缘故，译者对原文作者的思想继而对作者所经历的客观世界的认识，只能是一种间接认识。其次，一般的交际活动自始至终只使用一种语言，翻译则必然要用到两种语言（源语和译语），即第一次交际活动主要使用源语，第二次交际活动则改用译语，这是翻译活动的又一个特殊性。

最后，翻译活动具有科学性和艺术性的双重特征。

翻译活动的科学性是指译者在翻译过程中必须遵循一定的规则或规律，接受一定的制约。一般而言，译者要遵守三方面的规则或规律：首先，译者要遵守源语语言规则；第二，译者的理解要合乎逻辑，要经得起客观世界规律的检验；第三，译者还须遵守译语语言的规则。由此可见，译者的整个翻译活动要受到源语、译语和客观世界的三重制约。

总而言之，翻译就是译者凭借自己的知识经验和双语能力，通过源语文本去认识原文作者的思想及其所经历的客观世界，然后将自己得到的思想认识用另一种语言表达出来并形成译语文本的过程。译者的认识是一种间接认识，译者的表达是一种译语表达。翻译的过程是一种跨语言、跨文化的双重交际过程，在这个过程中，译者既要受到源语文本和译语文本两种语言以及两种文化语境的制约，又要充分调动自己的聪明才智和艺术天赋，这便体现了翻译活动的科学性和艺术性。关于翻译的本质以及其他译学问题的争论，肯定还会继续下去，因为人们对于事物的认识是不断发展变化的，比如奈达和费道罗夫对翻译本质的看法就是在实践和研究中不断修正的。

第三节 翻译的准备

长期以来，中西翻译界对翻译的研究都囿于对原作中心地位以及语言转换层面的研究，而对翻译文化的创造者译者及其特殊的文化地位却鲜有系统深入的论述，译者被赋予舌人、媒婆、仆人、戴着镣铐的舞者、文化搬运工等形象，被认为处于既要对原文作者俯首听命，又要对译文读者迎合奉承的尴尬地位中，其主体性和创造性自然就更少有人提及。然而，自20世纪70年代以来，随着翻译研究的深入和研究层面的拓展，越来越多的理论研究者开始从文化角度来探讨翻译，从阐释学、接受美学、文化交流等切入点来研究翻译，这一转向使得译者的文化地位及其主体性成为其中重要的研究课题。

翻译实践，无论是科技文献方面的翻译，还是文学作品的翻译，译者都会有共同的感受，也就是翻译不是一件容易的事。笔者曾在焦头烂额的翻译实践中突发过这样的感慨：翻译就像女人怀孕生孩子，虽然孩子生下来只需一刹那，但在这之前却必须要有长达近十个月的怀胎过程，翻译实践的过程也就像女人怀孕的过程一样，从接到翻译原文之时一直到最后给出自己的译文，这期间也同样需要不断理解、酝酿、思索和表达。虽然译文的最后定稿所需的时间可能相对较短，但定稿之前的再三修改润色等却是需要数倍于定稿的时间的。

翻译的准备工作从以下几个方面进行。

一、翻译过程概述

奈达在谈到翻译的过程时说，翻译的过程主要有四步：一是对原文进行解码；二是把原文信息转化为译文信息；三是对译文进行编码；四是对译文进行检验。奈达把本来复杂丰富的翻译过程简化成了近乎公式化的语言转化模式，但他并未回答译者对原文的解码有无重要影响，译者对原文信息转化为译文信息这个过程有无重要影响以及译者对译文的编码有无重要影响这些问题，而这些问题无一不与译者有着密切的关系，并且这些问题都不可能在纯语言的层面解决，只能靠译者根据具体的情况能动地加以解决。

我们知道，翻译是运用语言的艺术，各种语言的同一深层结构在不同的文化中可以有不同的表层结构，同一表层结构在不同的文化语境中可以有不同的深层含义，这种表层结构和深层结构之间的非一一对应性决定了翻译过程的复杂性、灵活性和非模式性。正如，玛丽·斯内尔·霍恩比（Mary Snell Hornby）所言，译文是译者以读者的身份理解原文作者的意图，并将这些意图再创造地传递给另一种文化的读者群的语言表现；译者无论作为原文读者还是作为译文作者，所起的作用都是积极的、创造性的，译者对翻译的操作过程绝不仅仅是被动地接受原文和纯客观地再现原文，而是在基本忠实原文的前提下创造性地再现原文，因此本文将从译者的主体性出发，阐述译者在翻译过程中对翻译文本的选择理解和译文的表达。

翻译是两种语言文化的理解和表达功夫。语言文化功夫越深理解越准确，但除了理解还有个表达的问题，如果在两种语言的写作上没下过功夫，恐怕也难以完成翻译的任务，对翻译原作的理解是一种功夫，在翻译中的表达又是另一种功夫，二者有密切关系，但谁也不能代替谁。这两种功夫哪里来？杨自俭先生告诉我们它们来自两种语言的四种训练,即理解训练、母语写作训练、外语写作训练、翻译训练。这四种训练和理论研究差别都是极大的,所以从事翻译实践多的人没工夫读理论书,没工夫研究理论问题,这不是错误,但这是一个不足。反过来说,从事理论研究多的人没工夫做翻译实践,或做翻译实践不多,也不是错误,但也是一个不足。二者的存在是一种互补关系,而不是一种相互否定的对立关系。对于外语语言文学专业中选择了翻译方向的学生,可谓是在两个方面都还缺乏得很。套用杨先生的话,这也不是错误,但它是一个不足,而且是摆在我们面前的一个事实,我们应该敢于并勇于承认自己在很多方面还很无知,在承认无知的同时,一点一滴地争分夺秒地学习。

二、翻译过程中翻译文本的选择

谢天振在《译介学》中提出创造性叛逆的命题,其实也正是对译者主体性的认可和论证,不妨引用查明建、田雨为译者主体性所作的界定:译者主体性指作为翻译主体的译者在尊重翻译对象的前提下,为实现翻译目的而在翻译活动中表现出的主观能动性,其基本特征是翻译主体自觉的文化意识、人文品格和文化审美创造性。

从一定意义上来讲,译者的主观能动性在译者动笔翻译之前就已开始发挥作用了。在这个阶段,译者的主体性主要体现在对翻译文本的选择、翻译的文化目的以及翻译策略的确定等方面,选择适当的翻译文本是译者开始翻译活动的前提。一般来讲,译者通过自己阅读或他人的推荐、评价等途径,形成对原作的初步印象,然后,译者会自觉地调动自己的文化意识、鉴赏能力、审美情趣等已有知识结构,对这一印象进行初步的评价与批评,当这一印象与译者的知识体系相近或吻合的时候,译者多表现为对原作文本的肯定与接受。反之,则表现出对文本的否定与排斥。可见,选择什么样的文本来翻译,多是译者根据自己个人的喜好而定,体现出了译者强烈的主体意识。而且,文本选择得当也有利于译者主体性的发挥,使译者的风格自然地融于原作者的风格之中,从而产生成功的译作。

翻译的文化目的也是译者在动笔翻译之前主观上已确认了的，翻译不仅仅是语言符号的转换，更是文化内涵的交流与碰撞，而译者正是这一交流与碰撞的倡导者和实施者。从文化层面上来说，翻译的根本目的是借助翻译文本为译入语提供新的话语，支持或颠覆其主流地位。也就是说，译者在文化目的上不外乎有两种选择：一是引入外域文化来论证、坚固本土文化的主体地位；二是引入外域文化来挑战、质疑本土文化的正统地位。译者的选择取决于他对两种文化的感知和认知程度，这也是其主体性的重要体现。翻译的文化目的在很大程度上影响着翻译策略的确定。基于宣扬本土文化的目的自然会使译者在翻译中凸显本土文化的优势，因而多采用归化意译的手法；而基于挑战本土文化的目的则会使译者采用张扬异域文化的风格，因而多采用异化直译等手段。另外，译者的读者意识，也是影响翻译策略确定的重要因素。在读者对异域文化认识的初级阶段，译者要更多地借助于本土文化来传播介绍异域文化的内涵；而当读者对异域文化有了一定的认识后，其审美期待也必将随之提高，此时如再过多依赖本土文化，就显得有些幼稚或不合时宜了。

三、翻译过程中对文本的理解

在确定了翻译文本之后，译者开始对文本的详细解读。此时，作为一名能动的读者，译者不仅要运用自己的语言能力对原作的语言符号代码进行破译，更要积极调动自己的情感、意志、审美、想象等文学能力对符号之内和符号之外的内容进行挖掘，发挥自己的文学同情心，与文本对话，与作者对话，找出原作者内心的声音。当然，这个声音只能是译者自己听到的声音。不同的译者，由于语言能力、文学素养等差异，听到的声音也就不尽相同，甚至错听误听的现象也时有发生，以致造成对原文和原作者的曲解。在理解阶段，译者的主观努力并非只停留在解读这一层面，他还自觉不自觉地充当了一名挑剔的批评家，对作品、对自己解读的内容进行一定的阐释和鉴赏，他会运用自己早已存在的知识体系价值，来评判体系和审美体系，来挖掘作品的思想内涵与美学意蕴，来分析作品的文学价值和社会意义，并以此对自己解读的内容进行增减处理、调整与定位，使之更符合自己认定的认知体系与审美期待。

越是思想内涵深刻、美学意蕴丰富的作品，越是能为译者提供较大的解读与鉴赏空间，越容易产生形形色色不同的译本，也就越有价值与魅力，因此，在理解阶段结束时，译者所看到的已不再是作者的原作，而是掺杂了译者的诸多主观意愿经过一系列加工改造之后的半成品，就是"译者的原作"了。

好的翻译不但要传意，还要传形，更要传神。要做到传神，没有译者的主观创造性是绝对不可能的，因为原文的神不是仅靠理解原文的表面意义就能传达出来的，而要靠译者自身的综合文化素质去理解原文的深层意义后才能传达出来。"传神论"的倡导者，我国著名翻译家傅雷先生就曾说过："译事虽近舌人，要以艺术修养为根本：无敏感之心灵，无热烈之同情，无适当之鉴赏能力，无相当之社会经验，无充分之常识，势难彻底理解原作，即或理解，亦未必能深切领悟。"译者的层次有差别，译文的层次也自然有差别，我们经常所说的"一千个译者就会有一千个哈姆雷特"就是这个道理。因此，译者在理解阶段所必须做的准备有很多。为了在翻译中传神并渐臻佳境，译者除了用心学习翻译理论知识，还应努力提高自己的艺术修养。

四、翻译过程中译文的表达

经过对原作的解读和阐释，译者已将"作者的原作"转换成了"译者的原作"，但正如上文所说，这一版本还只是个半成品，是一系列未表明的意识，表达阶段的艰巨任务就是将这种意识转化为译者个人认可并为目的语读者接受的语言，这一转化是一个质的飞跃，是译者最大限度地发挥其主观能动性的过程。首先，译者的双语能力不可避免地将在这一阶段发挥作用，语言的转换绝非机械的对译，语言本身灵活多变的特点以及两种语言的差异为译者提供了一定的灵活选择的空间，而这种选择结果的质量如何，则完全取决于译者的双语能力，尤其是其目的语的造诣。其次，译者的双语文化意识也自觉地卷入这一过程，语言符号所蕴含的文化信息是最难翻译的内容，译者必须通过自身对两种文化的理解、感悟、对比、分析与掌握，通过自身文学素养的发挥，把握文学与文化，尤其是目的语文学与文化的最新发展趋势与特点，以此来引导自己的翻译活动。

实际上，表达阶段是翻译过程的关键，是最终决定译作优劣的关键。在这个阶段，译者结合一定的语境，对自己的翻译成品进行美学方面的自省，并最终及时对译作进行修改润色，力争使其完美，使翻译工作不仅呈现出科学性的一面，更绽放出艺术美的光彩。

总而言之，翻译既是一门科学，又是一门艺术，在翻译实践中译者应尽最大可能地追求二者的完美统一。不管是在翻译的文本选择和理解阶段，还是在译文的表达阶段，译者都必须付出艰辛的努力，力争做足准备。为此，译者应该在加强翻译技巧训练以及语言文化习得的同时，努力提高自己的翻译理论水平，充实自己对翻译作品的审美经验，在不同的语境和文化背景中，充分考虑原文作者的意图和情感，以及译文读者的需要和喜好，综合运用各种翻译原则。为了达成最好的翻译，在翻译的准备过程中，积累再多都不为过。

第四节 翻译的角色

翻译的角色就是译者的角色。关于翻译中译者的角色，译界已有广泛的讨论。"古今中外，不少翻译家或翻译理论家在讨论此问题时，经常让译者进入某种'角色'，或把翻译工作比作某项活动（特别是艺术活动），以论其功过是非、盈亏得失。其实，翻译既是一种艺术，它必然与其他艺术活动，如演员演戏、画家绘画、雕塑家雕刻、钢琴家演奏等有相似或共通之处。于是，演员、画家、雕塑家、钢琴家等自然而然地成了翻译家应声气求的'朋友'。"

其实，无论将译者界定为何种角色，翻译的目的就是促进不同民族间的文化交流，因此，译者的任务就是引导读者接受异域文化；译者的职责就是要使异域读者通过自己的工作，了解、吸收所蕴含的源语文化的丰富内涵，至于异域读者头脑中产生的联想能否接近，或"动态对等"于原作在原文读者中产生的效果，就不能简单地苛求译者了。

翻译作为一种跨语言的交际活动，涉及语言学、社会学、哲学、文学、认知科学、心理学等领域。在传统语言学为基础的翻译理论盛行时期，翻译只是简单地被认为是一种单向的从源语到目的语之间的符码转换。而译者也只是要求译作在语言层面保持与原作的最大的等值。译者的地位或被忽略，或被贬得很低。他们认为作者是信息的发出者，读者是信息的接受者，而译者则只是以译文为载体向读者传达信息的传递者。译者应该忠实于信，将译文原汁原味地体现原作品风格、内容等，其中不能体现自己的个性。但是随着翻译作为一门独立学科的发展，译者越来越受到人们的重视，从而译者也由隐者成了显者。译者的客观因素及主观因素能直接影响翻译作品的好坏，包括译者的个人知识层面、阅读理解能力、文化接受能力或读者需求、出版商要求等。本雅明（Benjamin）认为在欣赏一件艺术作品或一种艺术形式时，对接受者的考虑从来都不证明是有效的，同一个事物不是一种语言所能表达的，而只是借助语言间相互补充的总体意图："纯语言"。杰里米·芒迪认为译者的任务就是发现趋向目标语言的特殊意图。而安德烈·勒菲弗尔（Amdro Lefevere）提出"折射"翻译理论，要求译者翻译的作品能体现原文本与译文本相互影响与渗透。由此可见，人们对译者的要求越来越高。

任何一种翻译活动，都离不开在翻译主体中起决定作用的译者，离不开译者对原作者所认识的事物的再认识与再表达，译者在其中兼有独特的身份。玛丽·斯内尔·霍恩比认为"文本是译者以读者的身份理解作者的意图，并将这些意图再创造地传达给另一文化的读者群的语言表现"。译者首先是原作的读者,"译者作为读者所起的作用应是积极的、创造性的,理解绝不等同于对文本的被动接受"(Mary Snell Homby,1988)。但是译者不同于一般读者,他承担着对原作进行传达的责任和义务。译者不仅要读透原文,更要读懂语言文字背后的蕴意,因此译者的难度大于一般的读者。然后才是译者对原作进行翻译。因此在语篇翻译过程中,译者作为翻译活动主体,是以原文信息接受者和译文信息发送者的双重身份,主动地、有机地、创造性地进行跨文化交际这一活动。例如译者首先作为协调者对原作进行理解,能动地协调原作与译作,然后作为一名阐释者,对原作进行传达和阐释,但由于翻译过程涉及两种语言之间的转换,其中包括文化冲突、意识形态差异、语言表达方式差异、宗教信仰不同、生活方式的差异等,这就要求译者作为一名创造者,在翻译过程中发挥其自身的主观能动性。

一、译者作为协调者

哈提姆与梅森(Hatim&Mason)认为"译者作为'协调者',是居于原文作者和译文接受者之间的动态交际过程中的中心"。译者不仅需具备双语的能力,还要具备跨文化的视角。首先,在语篇翻译过程中,译者协调两种语言中的文化,包括意识形态、道德标准、社会政治结构等,并且试图寻找能够解决这些不相融的冲突的办法。比方说在一种文化体系中的价值现象可能在另一种文化体系中缺乏或空白。那么这就要求译者去协调这种现象,并且找出解决的办法。比如说在汉语中有一些表示自谦的词语,如鄙人、敝校、拙文等,在英语中找不到相应的词汇。再如汉语中的"粽子""窝窝头",译者只能协调这种文化现象,采取音译加注法,分别译为"Zhongzi—made of glutinous rice"(由糯米做成),"Wowotou—streamed bread of cornor sorghum"(由玉米或高粱做成的馒头)(罗选民,2000)。其次,译者作为协调者的第二个身份是原作的"特殊读者"(privilege readers)(Hatim,2002)。不同于一般的原作或译作的读者,译者是为了传达和再建构原作而阅读。译者只有在读懂、读透原作时,才能更好地进行他的翻译。一部好的作品有可能因为译作的优秀而著名。

二、译者作为阐释者

阐释学(Hermeneutics)是流行于 20 世纪 60 年代西方的一种哲学和文化思潮,是一种探求意义理解和解释的理论。阐释学大师海德格尔(Martin Heidegger)从传统的阐释学思想出发,将阐释学从方法论和认识论层次提升到了本体论性质的研究上来。而伽达默尔将阐释学进一步发展成系统的现代哲学阐释学,并将其推向兴盛。伽达默尔认为"一切翻译就已经是翻译"。这也就是说翻译始终是解释的过程,是译者对原作中的语篇所进行的解释过程。译者作为特殊读者,因为本身的知识结构差异,客观环境或目的不同,所以他们所阐释的文本就会有差异,换句话说,相同的原作,有可能出现不同中译本的现象。比如《红楼梦》的英译本中有杨宪益的版本以及霍克斯(Hawkes)的版本。从本质上讲,这是因为译者作为阐释者,其主观性和客观性会影响他对原作的阐释,所以杨宪益采取异化方式来阐释,而霍克斯采取归化方式来阐释。举例来说:

(黛玉)听说宝玉上学去,因笑道:"好,这一去,可定是要'蟾宫折桂'去了。"

杨宪益译:When Baoyu told her that he was off to school,Daiyu smiled and said:"Good! So you are going to pluck fragrant Osman thus in the Palace of the Moon!"

霍克斯译:When Baoyu told her that he was off to school,Daiyu smiled and said:"Good! So you are going to pass the examination for the highest degree in order to climb up to exalted positions!"

相传月中有桂树,攀折月中的桂枝。旧时科举考试被比喻为蟾宫折桂。杨宪益译成"pluck fragrant Osman thus in the Palace of the Mood"不仅保留了原本"蟾宫折桂"的意思,还保留了源语生动的形象。霍克斯的翻译没有保留这个典故，但是更能够让读者明了其中的意思。这是由于译者采取了不同的阐释方式而产生了两种不同的译文。由此可见，译者作为阐释者，是一种普遍现象。

三、译者作为创新者

博格兰德和德雷斯勒（Beaugrande&Dressier）认为典型的语篇应该具备七个语篇特征：意图性、可接受性、情景性、信息性、连贯性、衔接性和互文性。从语篇翻译过程来看，由于涉及两种语言之间的转换，译者所翻译的译文若想符合一种可接受的、完整的语篇的理想，完全忠实于原作的翻译是不可能达到的，这就要求译者发挥他的创新精神。因此有一种说法：" 翻译总是一种创造性叛逆。"（王美华，1987）语篇翻译跳出了传统的翻译观念——直译与意译——将语篇作为最高层面来考虑，由于源语与目的语之间存在不同方面的差异，译者应该对其转换过程中产生的各种障碍进行调整，所以在语篇翻译过程中，译者作为创新者，拥有最大的自由发挥空间。例如：There is no money to be made in Achill, so that twelve months' credit is the easy—going custom. 阿基尔没什么钱可赚，所以一年到头赊欠是家常便饭。

在这个例子中，译者发挥了他的创新能力，"the easy—going custom" 译为"家常便饭"避免了死译。译者作为特殊读者，在阅读时，他对原作应当读透、读懂，包括语篇、篇章、句群等，了解这些语篇特征，才能更好地进行翻译。在汉语饮食文化中，我们喜欢替食物取华丽的名称，如在中国传统菜系中最著名的是满汉全席，其中有凤尾鱼翅、祥龙双飞、寿字五香大虾、长寿龙须面、乌龙吐珠、三鲜龙凤球等。但是在英语语言中要求食物名称通俗易懂，如 Salad Sauce，Shrimp Meat，Coffee and Cheese Pudding，Grilled Fillet Steak，Venice Seafood Noodles，Tomato and Oyster Soup 等。这就提供给译者自由的翻译空间，译者把握好源语与目的语之间的不对等情况，使译文符合译文读者的习惯。因此，译者在面对不同的语篇类型、语篇功能、语言障碍时运用创新能力，对译文未必不是一件好事。

译者角色从传统的附庸于原作者的隐者转变为显者。作为协调者，译者首先从一名特殊读者做起。中国有句古话："知己知彼，百战不殆。"只有读透、读懂原作，才能更好地进行翻译。其次，译者还担负着原作的文化传播的任务，对原作中的语篇进行解释、阐释等，用自己独特的阐释方式来翻译，从而使自己的译文与众不同。作为创新者，在遇到翻译障碍时，如文化冲击、风俗习惯不同等，译者应当发挥他的创新精神，从另一个视角更好地阐释原作。因此，译者在翻译过程中，应综观语篇的整体，恰当地运用自己的能力，将译文翻译得更好，达到跨语言交际活动的目的。

第五节　翻译的价值

讨论翻译，不能回避"译何为"和译之"用"这两个问题，而要回答这两个问题，势必又涉及诸如翻译目的、方法、手段和结果一系列因素。人们可以根据自己对翻译的理解和认识，为翻译的作用与功能进行理想的定位，也可以根据对某一翻译现象、翻译事件的分析，为翻译的实际影响进行定位，还可以根据对某一具体文本的分析，对文本的价值与效果进行评价。在这里，作用、功能、影响、价值等词语，虽然意义有所区别，但就本质而言，指的都是翻译活动应该起到或所起的作用。我们认为，思考或探讨翻译之"用"，至少有三个方面的因素需要加以着重考虑。首先，翻译之"用"的探讨需以翻译观的确立为前提。一个人的翻译观不同，对翻译的认识便有异，对翻译之"用"的定位便不一样。其次，翻译之"用"的探讨需以历史事实为依据。当我们对某一个历史时期的翻译事件或翻译现象进行思考时，既要以正确的翻译观为指导，又要以对翻译事实的科学分析为依据，理性的把握与科学的分析相结合，可以为我们正确描述翻译之"用"提供某种客观的保证。再次，对翻译之"用"的探讨不能局限于一时一事，应该有发展的眼光和辩证的观点。下面拟结合这三方面的因素，以我们对翻译的认识和理解，即我们的翻译观为出发点，对翻译的理想作用与实际影响作一较为系统的探讨，以建立我们的翻译价值观。我们认为，建立翻译价值观，一方面要以对翻译之"用"的理论探讨与历史思考为基础，另一方面又要不局限于对翻译之"用"的客观描述，相反，应该超越对翻译的实际之用的描述与分析，对翻译之"用"进行价值的是非评判。在这个意义上，正确认识翻译的价值，建立翻译的价值观，可为我们进行翻译评价与批评提供理论基础。

一、翻译的社会价值

翻译的社会价值是由翻译活动的社会性所决定的，主要体现在它对社会交流与发展的强大推动作用。考察翻译对社会发展的推动力，我们不能不从源头开始。在廖七一等编著的《当代英国翻译理论》一书引论的开头，我们看到了这样的一段论述："从原始部落的亲善交往，文艺复兴时代古代典籍的发现和传播，直至今天世界各国之间文学、艺术、哲学、科学技术、政治、经济的频繁交流与往来，维护世界的稳定和持久和平，翻译都发挥了不可估量的作用。"以这样一段结论性的论述作为《当代英国翻译理论》一书的开篇，在我们看来，作者是经过精心考虑的。翻译活动历史之悠久，领域之广泛，形式之丰富，无疑为翻译作用的发挥提供了客观的基础。从源头上讲，翻译所起的最为本质的作用之一，便是其基于交际的人类心灵的沟通。翻译因人类的交际需要而生。在克服阻碍交流的语言差异的同时，翻译为交流打开了通道。多亏翻译，人类社会从相互阻隔走向相互交往，从封闭走向开放，从狭隘走向开阔。阿弗雷德·波拉德在论述《圣经》翻译的重要意义时说过一段不乏诗意而又极为深刻的话："翻译如同打开窗户，让阳光照射进来；翻译如同砸碎硬壳，让我们享用果仁；翻译如同拉开帷幕，让我们能窥见最神圣的殿堂；翻译如同揭开井盖，让我们能汲取甘泉。"波拉德的这段话虽然是针对《圣经》翻译而论的，但从中我们不难领会到，翻译给人类社会带来的既有精神之光芒，又有物质之果实。借助翻译，人类社会不断交流其创造的文明成果，互通有无，彼此促进。应该说，没有旨在沟通人类心灵的跨文化交际活动，即我们所说的翻译活动，人类社会便不可能有今天的发展。

邹振环所著的《影响中国近代社会的一百种译作》一书，可以为我们在此探讨的论点提供具体的例证，从中可以看到翻译是如何以及在哪些方面影响了中国近代社会，对其发展起到推动作用的。邹振环以译本的社会影响为标准，选择了一百种译作。

他认为，这些译作"使近代中国人超越了本民族、本世纪、本文化的生活，给他们带来了新的见闻、激动、感悟、灵智与启迪，使他们开始了从狭窄的地域史走向辽阔的世界史的心路历程"。邹振环的这段论述与我们在上文中所阐述的观点不谋而合：翻译之于社会的推动力，首先在于其交际性，翻译开启心灵，打开思想的疆界，交流是理解的基础，而理解是世界各民族"从狭窄的地域史走向辽阔的世界史的心路历程"的原动力之一。就其对中国近代社会的影响而言，邹振环认为这一百部译作虽然"谈不上有主宰中国民族命运的天体之力"，但这种影响是"如影随形，如响应声"，起到了推动中国社会文化发展的效应和作用，"当然其中包含有精神的和理智的力量在起作用。这种影响可以是正面的，也可以是负面的，有直接的，也有间接的，有回返影响，也有超越影响"（邹振环，1999）。从邹振环按对社会的影响为标准所选的一百种译本来看，种类极为丰富：有自然科学技术类的，如《几何原本》《同文算指》《代数学》《远西奇器图说》《泰西水法》等；有哲学社会科学类的，如《天演论》《共产党宣言》《资本论》《社会学》《性心理学》《民约论》《法意》等；有地理学类的，如《坤舆万国全图》《四洲志》《地学浅释》等；还有文学类的，如《巴黎茶花女遗事》《黑奴吁天录》《悲惨世界》《少年维特之烦恼》《浮士德》等。可以看到，这些译本几乎涉及人类所有重大的知识领域和精神领域，它们对中国近代社会所产生的影响是广泛而深远的。上述每一个译本的接受与传播史，都以其深刻的思想内涵和具体的历史事实为翻译的社会影响提供了难以辩驳的例证，《共产党宣言》的翻译更是具有强大说服力的一例。

　　翻译对社会的推动力，还在于对民族精神和国人思维的影响。鲁迅的翻译实践和追求可为我们理解这一问题提供某种答案。王彬彬在《作为翻译家的鲁迅》一文中谈道："启蒙，是鲁迅毕生的事业，而启蒙的重要方式，便是把异域的新的思想观念，把异域的精神生活，介绍到中国来。在20世纪的中国，可以说鲁迅是对翻译事业做出杰出贡献的最重要人物之一。而且，在翻译上，他有两个独特的方面。一方面，他注意介绍弱小民族的精神生活、思想行动。与只把眼睛盯着西方强国者不同，鲁迅早年在日本时，便留心搜求被压迫民族的作品，并把它们译介给中国读者。因为他觉得弱小民族、被压迫民族与中国境遇相同，因而对中国读者更具有现实针对性，更能促使中华民族反省和觉醒，更能激发中华民族的血性、热情和斗志。另一方面，他希望通过翻译，改造汉语，从而最终改造中国人的思维方式。"对作为翻译家的鲁迅的这两点评价，应该说翻译界已经基本达成共识。就王彬彬所说的鲁迅的两个独特的方面而言，我们认为这两个方面是互为一体的：一是翻译对于精神塑造的作用，二是翻译对于改造语言最终达到改造国人思维方式的作用。这两者在本质上是相通的。思维的改造与精神的塑造是推动社会变革的基本力量，而翻译对于这两者所起的作用往往是直接而深刻的。考察中外翻译史，这方面的例证极为丰富。如严复翻译《天演论》，其目的明确，"通过进化论的译介，既告诉国人有'不适者亡'的危险，又号召人民奋发图存，自强保种"。王克非在《严复的翻译——以〈天演论〉为例》一文中对严复所翻译的《天演论》一书所产生的巨大社会影响，作了系统地分析，认为在特定的历史环境中，严复在特殊的翻译动机的驱动下，采用了"达旨"的方法，使《天演论》"成了警世之作，成了维新变法的思想武器，使有识之士怵焉知变，使爱国青年热血沸腾，启迪和教育了几代中国人"。

　　翻译之于社会的推动力，还在于对社会重大政治运动和变革实践的直接影响。且不谈在整体上翻译对于近代社会的变革所起的先锋作用，就拿易卜生的《玩偶之家》这部剧本为例，便可清楚地看到这部书的翻译对于中国社会，特别是对中国妇女解放运动的巨大影响力。邹振环对这部戏剧的翻译情况及其对中国社会的影响作了较为全面的介绍。

萧乾认为《玩偶之家》中的娜拉形象"对我们的影响之大是西方人难以想象的，起自黄帝时代的社会习俗受到了挑战，个人开始维护他们独立思考与行动的权力，中国，这个在亘古未变的山谷中沉睡着的巨人突然从一个使人苦闷的梦魇中惊醒了"。邹振环认为"娜拉在'娜拉热'中也演变成一种符号，即成为我们心目中的'革命之天使'、'社会之警钟'、'将来社会之先导'和'妇女解放运动的先驱'"。这个符号所揭示的《玩偶之家》的思想深度和广度由此可见一斑，而该剧在中国社会所产生的全面影响力为翻译的作用作了有力的诠释。

二、翻译的文化价值

翻译在世界文明进程中扮演着重要而独特的角色。社会的发展、文化的积累和丰富与文明的进步是紧密结合在一起的，所以当我们在上文中探讨翻译之于社会的作用时，实际上已经涉及了翻译与文化发展的关系。就我们对翻译本质的认识而言，近30年来，随着翻译研究的不断发展，翻译文化意识的日益觉醒，人们对翻译的认识与理解也不断深入与提高。当翻译界渐渐达成共识，以"跨文化的交流活动"来对翻译进行定义时，这也就意味着我们应该从文化的高度去认识翻译，去理解翻译。季羡林在为《中国翻译词典》所写的序言中明确指出："只要语言文字不同，不管是在一个国家或民族（中华民族包括很多民族）内，还是在众多的国家或民族间，翻译都是必要的。否则思想就无法沟通，文化就难以交流，人类社会也就难以前进。"基于这一认识，我们可以说，翻译是因人类相互交流的需要而生，从这个意义上说，寻求思想沟通，促进文化交流，便是翻译的目的或任务之所在。如果说翻译以克服语言的障碍、变更语言的形式为手段，以传达意义、达到理解、促进交流为目的,那么把翻译理解为一种人类跨文化的交流活动,应该说是一个正确的定位。从这一定位出发,我们便不难理解翻译在人类文化发展进程中所起的作用了。季羡林先生在谈到翻译的作用时,曾以中华文明的发展为例,作了如下精辟的阐述:"英国的汤因比说没有任何文明是能永存的。我本人把文化(文明)的发展分为五个阶段:诞生,成长,繁荣,衰竭,消逝。问题是,既然任何文化都不能永存,都是一个发展过程,那为什么中华文化竟能成为例外呢?为什么中华文化竟延续不断一直存在到今天呢?我想,这里面是因为翻译在起作用。我曾在一篇文章中说过,若拿河流来作比较,中华文化这一条长河,有水满的时候,也有水少的时候,但却从未枯竭。原因就是有新水注入。注入的次数大大小小是颇多的,最大的有两次,一次是从印度来的水,一次是从西方来的水。而这两次的大注入依靠的都是翻译。中华文化之所以能长葆青春,万应灵药就是翻译。翻译之为用大矣哉!"季羡林的这段话,对我们从文化的高度来认识与评价翻译的作用,无疑具有理论的指导意义。在他的这一观点的启迪之下,笔者在《绕不过去的翻译问题》一文中,曾根据布拉格学派的创始人之一雅可布森(Jakobson)对翻译活动的类型区分,认为"一个民族的文化是不断创造、不断积累的结果。而翻译,在某种意义上,则是在不断促进文化的积累与创新。一个民族的文化的发展,不能没有传统,而不同时代对传统的阐释与理解,会赋予传统新的意义与内涵。想一想不同时代对《四书》《五经》的不断'翻译',不断阐释,我们便可理解,语内翻译是对文化传统的一种丰富,是民族文化得以在时间上不断延续的一种保证",而"不同民族语言文化之间的交流,是一种需要。任何一个民族想发展,必须走出封闭的自我,不管你的文化有多么辉煌,多么伟大,都不可避免地要与其他文化进行交流,在不断碰撞中,甚至冲突中,渐渐相互理解,相互交融"。在这个意义上,我们既不会对林纾的小说翻译加以根本的否认,也不会以"直译"与"意译"的无谓争论,对鲁迅的"硬译"主张作反面的理解。正是站在文化交流与建设这个高度,人们便有可能更清楚地看到这样一个客观事实:"翻译与民族的交往共生,与文化的互动同在。一部翻译史就是一部活生生的接受史。从佛经北传到西风东渐,从中国革命到改革开放,翻译既开始了中华民族的精神启蒙,也参与了中国社会的全面改造。"

从世界的范围内来考察翻译之于文化的重要作用,是一个复杂而庞大的课题。从近20年来的研究情况看,各国翻译界和文化界已经开始从翻译性质、翻译选择、文化立场、翻译影响、价值重构等各个角度切入,对翻译史上的一些重大的事件和现象进行文化层面的审视,探讨一个民族文化的发展与翻译的互动关系,出现了"文化翻译"的概念。像美国的勒菲弗尔、英国的苏珊·巴斯奈特(Susan Bassnett)、法国的安托瓦纳·贝尔曼(Antoine Beman)、德国的弗美尔(Vermeer)、奥地利的玛丽·斯内尔·霍恩比、以色列的吉迪恩·图里等翻译理论家的研究表明,翻译在全世界文化的发展中扮演了重要的角色。在国内,王克非的《翻译文化史论》是这方面研究的一部开山之作。在这部书中,我们可以看到一些国内重要学者对翻译与文化关系的深刻思考,有助于认识"翻译对于文化(尤其是译入语文化)的意义和影响,它在文化史上的作用,以及文化对于翻译的制约,特别是在通过翻译摄取外域文化精华时,翻译起到什么样的作用,达到什么样的目的,发生什么样的变异"。王克非在强调与论述翻译与文化的互动关系时,一连提出的三个"什么样",既为我们认识翻译的文化价值提供了研究路径,又为我们全面把握翻译目的、翻译过程和翻译结果之间的关系开拓了批评的疆界。王克非认为,"翻译文化"应该是21世纪译学研究最为重要的课题之一——发掘翻译的文化意义、从文化的角度理解和解释译品等工作有待今后开展。

可以说,随着这方面研究的不断展开和深入,翻译的文化价值将得到全面深刻的展现,我们对翻译的认识将不断提高。

三、翻译的语言价值

在以往的研究中,人们很少就此问题展开深入的思考和讨论。我们应该树立一定的翻译语言价值观,而翻译语言价值观从根本上来说,就是如何认识翻译活动对语言产生的作用和影响问题。就形式而言,翻译是一种语言转换活动。在这里,我们所说的语言不仅仅限于狭义的语言,还包括雅各布森(Yagebusen)的符际翻译的符号系统。所以,我们也可以说翻译就其形式而言是一种符号转换活动。如果说雅各布森所区分的语内翻译、语际翻译和符际翻译这三种翻译类型涵盖了人类一切翻译活动,那么我们就不能不承认这样一个事实的存在:任何翻译活动的完成都要经过符号转换这个过程。符号转换性由此而成为翻译活动的特性之一。我们讨论翻译的语言价值,必然要涉及符号转换活动所带来的一些基本问题。为了使我们的讨论更为集中,我们暂且把目光投向语言符号系统的转换,看一看不同语言的转换,到底会给语言本身带来何种影响,产生何种作用?

梁启超是对翻译问题有着深刻思考的学者之一,在《翻译文学与佛典》一文中,他从词语的吸收与创造、语法、文化之变化等方面,讨论了佛经翻译文学对汉语的直接影响,并提出了许多重要观点。梁启超认为:"初期译家,除固有名词对音转译外,其抽象语多袭旧名。吾命之曰'支谦流'之用字法。盖对于所谓术语者,未甚经意,此在启蒙草创时,固应然也。及所研治日益深入,则觉旧语与新义,断不能适相吻合,而袭用之必不免于笼统失真。于是共努力从事于新语之创造。"梁启超在此所论,涉及语言转换中一个非常重要的问题,即出发语中表达新事物、新观念的名词,若目的语中不存在相应的词语,译家有可能采取两种方法:一是袭用旧名,二是创造新语。而袭用旧名,有可能笼统失真,旧语与新义不相吻合,起不到翻译之用,于是创造新语便成了译家努力之方向。正是靠了翻译,汉语在不断地创新中得到了丰富与发展。据梁启超介绍,当时日本人编了一部《佛教大辞典》,其中收录"三万五千余语",而"此诸语者非他,实汉晋迄唐八百年间诸师所创造,加入吾国语系统中而变为新成分者也。夫语也者所以表观念也,增加三万五千语,即增加三万五千个观念也。由此观之,则自译业勃兴后，我国语实质之扩大，其程度为何如者？"梁启超提出的这一问号，在我们看来有"惊叹号"之用。暂不论"三万五千语"是否完全进入汉语系统，但就词语带来的新观念而言，其价值不仅仅在于汉语词汇的丰富，汉语实质的扩大更是思想观念的革新，这种直接与间接的作用是需要我们认真关注的。梁启超还以唐玄奘重译苻秦译过的《阿毗昙八犍度论》中的一些译例为分析对象，指出了翻译的特殊功用："盖我国自汉以后，学者唯古是崇。不敢有所创作，虽值一新观念发生，亦必印嵌以古字，而此新观念遂没于囫囵变质之中，一切学术，俱带灰色，职此之由佛学既昌，新语杂陈，学者对于梵义，不肯囫囵放过，搜寻语源，力求真是。其势不得不出于大胆的创造。创造之途既开，则益为分析的进化。此国语内容所以日趋于扩大也。"梁启超在此指出了一个值得深刻思考的问题，即以旧语译新观念，新观念必变质，而在对佛经的翻译中，面对大量的新观念、新事物，若固守旧语，翻译的可能性必大打折扣，且又违背了翻译的初衷，故"不得不出于大胆的创造"，创造新语译新观念，既扩大了语言的实质内容，又引进了新观念、新思路。如果以此观点去考察一下我国的五四新文化运动和文学革命与白话文运动之间的关系，再去审视"白话文为维新之本""开民智莫如改革文言"等观点，便不难领会白话文运动之于新文化运动的重要性，而翻译则又在很大程度上为白话文运动起到了强大的推动和促进作用，更不难理解为何五四运动前后几乎所有进步报刊都登载翻译作品，且鲁迅、刘半农、沈雁冰、郑振铎、瞿秋白等为何会热衷于翻译。客观地看，在五四文学革命所进行的诸如反对文言、提倡白话、建立新诗、改革旧剧这些重要的运动中，翻译在某种意义上都起了重要的先锋作用。

如果说梁启超十分清醒地看到了佛经翻译对于"汉语实质之扩大"所起的重要作用，那么鲁迅则无论是在认识上，还是在实践中，都把翻译当作改造语言、革新思维的重要事业去对待的。在鲁迅那里，翻译并不仅仅是一种手段，而且本身便是目的。把外国语译成汉语，不仅仅是把外国人的思想、情感介绍给中国人，同时本身便是汉语自身的一种实验。或者说，翻译不仅仅是把外国人的思想、情感介绍给中国人，同时也把外国人的语言方式，也就是产生这种思想、情感的方式，一并介绍给中国。鉴于此，鲁迅极力主张"直译""硬译"，"宁信而不顺是民族文化在空间上的一种拓展，在内涵上的一种丰富"。

从文化交流与建设的这个角度再去审视，我们对中国近现代史中的一些翻译现象便会有更深刻的理解。我们不会再以"忠实"的唯一尺度去顺，要借此使汉语得到改造，使汉语更细致精密，更富有表现力，更具有逻辑性。

当把目光从中国移开，投向西方语言的发展史，我们发现历史具有惊人的相似，翻译对于语言改造的特别作用在历史的进程中得以不断凸现。马丁·路德（Martin Luther）翻译《圣经》的例子具有深刻的历史内涵。从路德所处的历史环境看，其翻译《圣经》具有两个重大意义：一是对德国宗教的改革的实质性推动，二是对德国语言统一与发展的开拓性作用。安托瓦纳·贝尔曼在《异域的考验：德国浪漫主义时代文化与翻译》中对此有详细的论述与分析。为了推动宗教改革，路德用德国大众的语言来翻译《圣经》，这一革命性的尝试以"土生土长"的地方性语言为出发点，在翻译的过程中进行提炼，使其成为规范语言。在我们看来，这种具有广泛大众意义的翻译语言的创立，不仅使新版《圣经》成为德国宗教改革的基石，更是扫清了中世纪的德意志语言的积秽，成为其后几百年里书面德语的典范。在欧洲，不仅仅在德国，而且在法国、西班牙、意大利等国，翻译都起到了培育现代语言的作用，使与拉丁语这种公认的"文明语言"相对而言的"俗语言"，如德语、法语、西班牙语等，在翻译过程中不断丰富自身，在种种"异"的考验中最终显示了自身的生命力，确立了自我。

当在强调翻译的语言价值，论述翻译对目的语所起到的种种积极的作用时，我们也清醒地意识到，在历史上，由于翻译方法或策略运用不当，翻译的过分"异化"对目的语造成的负面影响也不容忽视，如在五四新文化运动前后，翻译中所出现的对"欧化语言"的过分推崇现象值得反思。

四、翻译的创造价值

对翻译的创造性，我们已经作了简要论述，特别强调指出，把翻译视作机械的语言转换和纯粹的模仿的传统翻译观遮蔽了翻译的创造性。在上文讨论翻译的社会、文化和语言价值时，实际上已经涉及了翻译在上述层面所表现出的创造功能。从社会的角度看，任何社会活动都必须以交流为基础，交流有利于思想疆界的拓展，而思想的解放又构成了创造的基础。从文化角度看，翻译中导入的任何"异质"因素，都是激活目的语文化的因子，具有创新的作用。从语言角度看，为了真正导入新的事物、新的观念、新的思路，翻译中就不可避免地要像梁启超所说，进行大胆的创造。如果说文学是语言的艺术，那么在翻译活动中，语言符号的转换更是具有创造的特征，"好的文学翻译不是原作的翻版，而是原作的再生。它赋予原作以新的面貌、新的活力、新的生命，使其以新的形式与姿态面对新的文化与读者"。张泽乾所用的这几个"新"字在一定程度上为翻译艺术的创造性作了最为精辟的注解。

探讨翻译的创造价值，我们注意到一个非常有趣的现象，那就是在"创造"两字之前，有一个限定词"再"。这一个"再"字，连接着出发语文化与目的语文化，也连接着具体翻译过程中所涉及的出发语与目的语、原作与译作，它提醒我们不要割断两者的血脉关系，也告诉了我们这样一个道理，任何创造都不可能是凭空的创造，它应该是一个继承与创新的过程。当"本我"意欲打破封闭的自我世界，向"他者"开放，寻求交流，打开新的疆界时，自我向他者的敞开，本身就孕育着一种求新求异的创造精神。这种敢于打开封闭的自我，在与"异"的交流、碰撞与融合中丰富自身的求新的创造精神，我们可视为一种翻译精神。我们认为，这种翻译精神构成了翻译的创造功能之源泉。

我们探讨翻译的创造价值，既要从这一形而上的高度去把握，又要善于在形而下的层面去进行分析。实际上，翻译的创造性寓于翻译活动本身，又体现在翻译活动的整个过程之中。而翻译打开的新的世界，更是为人们进行新的创造起到间接但却广泛的作用。不少当代作家在论及翻译与自己的创作之关系时，都谈到翻译的创造性以及翻译的创造性对于他们自身创作所产生的作用。如梁晓声在讨论翻译界争论不休的"翻译文体"时，谈了自己这样的认识："所谓'翻译文体'，当然是指有水平而又严肃认真的翻译家们之精神劳动，乃是一种人类文学语言的再创造，必自成美学品格。它既有别于原著的母语文字，也不同于译者所运用的客体文字。它必是二者的结合。它在语音的抑扬顿挫、句式的节奏、通篇整体的气韵等方面，必是十分讲究的。它必不至于忽视母语文字风格的优长，也须着意于发挥客体文字表述的特点。一部上乘的翻译作品，如同两类美果成功杂交后的果子。若精当若此，当然便是创造！"而正是王道乾"不仅翻译了杜拉的短句子，还翻译了她的灵魂"的创造性劳动，开启了王小波的创造之门，也为赵玫的创造提供了丰富的养分。

五、翻译的历史价值

树立翻译的历史价值观，包括两个重大方面的内容。首先，我们要充分认识翻译对于人类历史的发展所做的实际贡献。在上文中，季羡林就翻译在中华文明发展中所做的贡献所说的那段话，是深刻而精辟的。考察人类文明发展史，我们发现历史的每一次重大进步与发展都离不开翻译。每一次重大的文化复兴都伴随着翻译的高潮，如古希腊、古罗马文化的复兴，往往以翻译为先锋。像发生在 9 世纪的加洛林王朝的古典文化的复兴，发生在 12 世纪的所谓原始文化复兴，以及 15 世纪至 16 世纪的文艺复兴，翻译都起着不可替代的推动作用。其次，我们要从历史的角度来看翻译的可能性。翻译作为跨文化的人类交际的活动，有着不可避免的历史局限性。就具体的翻译活动而言，无论是对原文的理解还是阐释，都不是一个译者一次就能彻底完成的。尤其是艺术个性强的原作，往往有相对来说比较大的阐释空间，需要一代又一代译者不断去挖掘。在这个意义上，当我们认识到翻译活动的历史局限性，实际上也就是为树立翻译的历史价值发展观奠定了某种基础。换言之，我们既要清醒地意识到翻译活动的历史局限性，又要以发展的眼光来看待这种局限性。正如乔治·穆南（George Mounin）在《翻译的理论问题》一书中所坚持的，我们要对翻译活动始终持发展的观点："翻译活动的成就是相对的，它所能达到的交流思想的水平是变化发展的。"我们知道，翻译活动在很大程度上要受到人类知识水平和世界的认识水平等诸方面因素的限制。但这种限制，会随着人类历史的发展而不断减少，为翻译活动的可能性开启越来越开阔的空间。持翻译的历史价值观，也就意味着：一方面，我们可以从人类的翻译活动去考察人类历史的发展；另一方面，我们可以从历史的发展来看翻译活动不断丰富的内涵和不断扩大的可能性。

在上文中，我们以对翻译本质的认识为基础，从五个方面对如何认识翻译的价值进行了初步的探讨。"翻译之为用大矣哉"，季羡林的这句话为我们认识翻译的作用提供了一个启发性的答案。翻译的作用是广泛而深刻的，上文的探讨只是提供了某种认识的角度。

在结束讨论之前，我们有必要指出：从本质上看，翻译的社会性重交流，翻译的文化性重传承，翻译的符号转换性重沟通，翻译的创造性重创造，而翻译的历史性重发展。交流、传承、沟通、创造与发展，这五个方面也恰好构成了翻译的本质价值所在，从某种意义上，它们也是翻译精神之体现。

第六节　翻译的目的

翻译本来就是人类一种有目的的社会化行为。除了个人目的，社会或者翻译界应该寻求什么样的目的？教育学家泰勒（R. Tylor）在讨论教育问题时曾经提出过四个问题：学校应当寻求达到什么目的？提供什么样的教育经历能帮助实现这些目的？怎样有效地组织这些教育经历?我们如何确定这些目的已经被实现?在建立翻译理论体系时,我们能否借鉴这些问题,以目的作为出发点?

译者的目的直接影响其翻译材料的选择和翻译方法的运用。翻译什么和如何翻译都是十分重要的。翻译是一种语际转换工作。任何语言都可规划为一个具有某种特性和特质的系统。但语言系统毕竟不同于物理化学等自然科学的系统。如果说人类在创造语言之初是任意的和约定俗成的,那么翻译者把一种语言的表达内容转换成另一种语言时,是否也有一定的任意性和可以约定俗成的成分?如果有,翻译者选取的材料和采用的翻译方法将对译入语的语言和读者产生影响。著名经济学家杜鲁克(Peter F. Drucker)在谈经济问题时说:"大企业的最终目标不应当是利润,利润并不是目标而是生存的必要条件。目标应当是人民的发展。"套用杜鲁克先生的这段话来考察翻译,我们能否说:"信、达、雅"和翻译的艺术性等都是译文存在的必要条件,而不是目标。那么翻译的目标应当是什么呢?

一、文化的交流和融合

周珏良先生曾说过翻译可以有不同的目的。周先生列举的翻译目的有为科学的、为宗教的,也有为政治和文化的,等等,周先生这里所说的是比较具体的目的。无论是为科学还是为政治,一般都是把一种文化中的所有,而另一种文化中的所无,或者两种文化中都有但又不完全相同的内容进行译介,而这种译介活动就是广义上的文化交流。各民族文化在各个历史时期的发展并不平衡,由于各种因素,不同民族文化存在巨大的差异。

翻译促进了文化交流,交流推动了人类文明的发展,文明的发展使世界各民族之间更大规模、更频繁的交际成为可能,也变得不可避免,反过来又对翻译提出了更高的要求。因此,我们觉得今天只提文化的交流已经不够,还应有文化的融合。我们常说,经济是基础,文化是上层建筑。现在世界经济正趋向于一体化,文化是否也会走这条路?或者说，我们是否应该促进文化的一体化过程？靠武力征服或消灭一个民族的时代已经或基本上已经过去。任何一个民族要其他民族全部接受自己的文化是难以办到的，而任何一个民族要生存，要发展，闭关自守也是不行的。未来的世界应当有一种包容了各民族文化的优秀成分的世界文化，这种世界文化的形成要靠各民族文化的交流和融合。任何一种严肃认真的翻译活动客观上都是文化的交流，而文化的交流势必带来文化的融合。今天，世界上恐怕难以找到一种纯而又纯的民族文化了，或者换句话说，各民族文化中的相同或相通的成分在逐步增加，从这个意义上讲，文化的交流和融合是翻译活动的结果。我们把它作为翻译的目的提出来，一方面是为了使我们在今后的翻译活动中具有较强的目的性，另一方面也是以此来考查翻译理论涉及的其他问题。

二、文化的融合乃至最终使人类不再需要翻译

我们提出翻译的最终目标是使人类不再需要翻译，并不是讨论人类都使用一种语言的可能性，而是从翻译工作本身来探讨一种最佳境界或目标，以及此种目标对翻译诸方面可能产生的影响。世界正在变小：人类大范围交际的可能性和必要性都在增长，随之而来的是对翻译的量与质的要求也在提高。说到翻译的质量要求，即人们常说的翻译的标准，中国的译者大都会想到"信、达、雅"，也许还有等值翻译或等效翻译等主张。但是，大多认真从事过翻译活动的人们都知道这种帮助人们相互理解的工作之艰难。尤其是对于信息发出者的情况不十分了解，对信息难以全面准确地把握，对于接受信息的对象的情况也无法了解或无法确切了解的那种翻译活动，即多数笔译活动，要把原文的信息及表达信息的风格等准确无误地传达给读者（即在译文中体现出来），是相当困难的，有时甚至是不可能的。造成这种困难的因素较多，我们觉得大致有下列几种：

一是译者水平有限。大多数从事翻译活动的人都不同程度地存在对原文的意义、风格等不能完全吃透或在译文中无力准确再现的问题。尽

管人们在努力提高自己的知识水平,但人生有限而知识无穷。即使是少数通晓两种或多种语言的天才,恐怕也难以做到,因为语言是文化的载体,通晓两种语言难,要通晓两种语言所代表的文化是难上加难。

二是语言本身存在的种种不可译性。例如汉语同音字多,由此产生许多借助同音字的歇后语。将这些歇后语翻译到其他语言中几乎是不可能的。

三是由文化差异造成的译入语的读者对源语文化理解上的局限性。翁显良先生在谈到"烟花三月下扬州"的英译文时说:"原句之所以成为千古丽句就在于'烟花三月'春光最美之时前往最繁荣之地——扬州,其时其地,二者缺一即不可能在读者心中唤起如此艳丽的联想,二者俱全而读者没有必要的历史文化知识也不能产生如此艳丽的联想。"翁先生这里谈的实际上是个文化准备。翁先生讲的是一句古诗,即使是现代的作品,如果读者群没有必要的文化准备,光靠译者个人的努力,要使译文在译入语的读者中产生原文在原文读者中的那种效应也是不可能的。

综上所述,我们认为完全的"信",完全的"等值",就一部作品或一门人文学科来讲,只要翻译存在,就永远只是一种可望而不可即的美好愿望或憧憬。只有当语言相互之间不再存在不可译性,人类的文化不再存在差异,只有到那时,才能达到完全的"信",而那时也许就不再需要语际翻译了。

我们提出翻译的最终目的是人类不再需要翻译,还有其他方面的考虑。

首先,语言是一种交际工具,而不同语言的存在显然使人们的交际增加了困难。从基督教《圣经》中,关于修建巴比伦塔的传说就可以看出人类从很早以前就意识到各民族使用不同的语言是人类社会进步的一种障碍。人们为了学习其他民族的语言花去了那么多精力。即使如此,仍有许多宝贵财富因为语言障碍而没有发挥其应有的效益。如果人们把学习其他民族语言的精力用于学习其他知识,如果人类各民族的精神财富都充分发挥了效益,人类文明的进步将会更大。

其次,据报道,目前有数百种语言濒临消亡的边缘。从人类发展的角度来看,我们不敢说这是一种进步还是退步,但有一点是明确的,即人类社会使用的语言种类将会越来越少,而不是越来越多。

最后,前面已经谈到,翻译促进文化的交流,交流必然带来融合。这个结论也许简单了一些。让我们举个例子来看。曾经有人批评严复翻译的《天演论》错误颇多。如果今天再有人翻译这部书,除了语句不如严译本文雅,就准确性而言,能超出这位大师的人不少。经过一个世纪的文化交流,许多英语中的词汇已经有了固定的译法,中国人对英语的结构也有了更多的了解,更何况还有那么多的工具书。对《天演论》的内容的理解更是严先生所无法相比的了。我们觉得这就是文化交流带来的一定程度的融合。融合是翻译活动的结果,也为进一步的翻译活动创造有利条件。

无论从人类的发展,还是翻译本身的要求,都可以把翻译的最终目的确定为通过文化的融合使人类不再需要翻译。

第七节 翻译的意识

"意识"一词在翻译中,主要指译者感觉某种必要性或可能性的能力。它是理论和技巧在实践中得到适当运用的一个必要条件,也是弥补语言能力、国情文化知识、专业技术知识之不足的一个重要因素。翻译的意识,大致可归纳为四种,即寻知意识、求证意识、趋佳意识和创新意识。

一、寻知意识

译者的知识面是决定译文水平的一个重要因素。知识的不足往往导致成为他人笑柄的错译和乱译。对翻译来讲,知识面的不足也许是最不可怕的缺陷,可怕的倒是不懂装懂、"无知加无畏"的翻译态度,是缺少译者应有的起码意识——寻知意识。

寻知意识要求译者在遇到不知道、不理解或不清楚的语言现象时，能够及时地感觉到寻知的必要性，运用各种手段使问题得到解决之后再来翻译。不仅是语言外的知识，纯语言现象也是这个道理。

满足于似懂非懂，硬着头皮去译，想当然地去译，是初学翻译者常见的弱点，其实质就是缺少寻知意识。所以，培养学生的寻知意识，是翻译教学中绝对不能忽视的一个环节。

二、求证意识

第一感觉，或称直觉，往往是译者处理具体词句的出发点。但由于种种原因，源语接受能力不足、对文化差异不够了解、粗心大意等，译者的第一感觉常常有可能是不正确或不完美的。这就要求译者不能满足于第一感觉而惰于验证，而要根据上下文及原文以外的各种参照物对直觉提供的方案加以验证，从而确认有无必要重新理解原文或选择另外的译语手段。这种及时地对第一选择产生怀疑并感觉到验证之必要的能力，就是我们所说的求证意识。

翻译工作者不仅要在练习和实践中注意培养自己的求证意识，在阅读他人译作时也应在这方面多下功夫。前人译作中有很多理解错误和表达不当之处，对译文的正确性一有怀疑，就要想方设法证实自己的怀疑是否有道理，这样做不仅可以避免因译者的错误而错误地接受原作，对本人翻译意识的培养和翻译水平的提高也大有益处。

三、趋佳意识

下棋有俗手和妙手之分，翻译也应有俗笔和妙笔之论。所谓俗笔，指的是满足达意，而不在句子之通畅凝练、用词之精雕细琢、语气之贴切无误上彻底追求的译文。而所谓妙笔，则是不满足于一般处理，在遣词造句上仔细斟酌、反复推敲后得到的翻译佳作。如果没有趋佳意识，如此佳作是很难得来的。趋佳意识是译者在翻译过程中及时感觉到现有方案的不足并进而寻找最佳方案的能力。要培养这种意识，首先要常常自问是否这么译就可以？还有没有其他的处理方法？相比之下哪种方法更好？长此以往，就能逐渐戒除满足于一般性处理的不良习惯，减少译文中的俗笔和败笔。

趋佳意识的培养，不仅对提高个人的翻译水平有极大作用，而且对翻译技巧的总结和翻译理论的发展也有很大的促进作用。大量翻译技巧都是翻译界前辈在趋佳意识的支配下摸索出来的，而新的翻译理论的提出也往往以趋佳意识为主要动因。在文学作品尤其是诗歌的翻译中，趋佳意识是保证译文质量的重要主观条件。

四、创新意识

翻译是一种具有很高创造性的活动，文学翻译如此，其他翻译也是如此。一方面，翻译过程中出现的大量复杂问题，仅依靠现已确定的语际对应关系、仅采用简单的技术操作是难以解决的，译者常常要考虑到有无必要寻找随机应变的非语际对应手段。另一方面，由于语言的发展，尤其是译语的发展，原来确定的语际对应关系，原来常用的某些具体翻译方法，有可能逐渐过时，译者应随时准备自行确立新的语际对应。本文所说的创新意识，指的就是上述两个方面临机创新意识和定式创新意识。

一般说来，临机创新所包括的范围比较广，只要译者使用的是现有语际对应（主要指词义对应和语法对应）以外的手段，即可归入此例。但临机创新不是随心所欲地乱译，起码要符合下面两个条件：一是在原有对应不便搬用的情况下有创新的必要，二是创新的结果不能造成交际效果的差异。为创新而创新，脱离原文的客观规定性而盲目创新，可能比守旧更加有害。因此，我们所说的创新意识，要求译者要有"剑胆琴心"，胆大而心细。

临机创新的基础是对原文内容的透彻理解和对其交际功能的准确把握。只要在此基础上发挥译者的创造力，任何复杂问题都可得到比较圆满的解决。

定式创新分为两类,其一是源语中某一句式或结构在译语的既有对应定式已经过时,需要寻找和确定新的对应形式;其二是译语中根本没有确立定式对应,需要立新创造。无论哪种情况,都要求译者有很强的定式创新意识。一般说来,译者先是在解决某一具体问题时发现创新的必要,进而感觉到这种创新是否具有普遍性,然后通过类比和归纳,总结出相对固定、相对常用的新的对应关系。

这里所说的创新,不必是前所未有的发明创造,只要译者发现并运用了他从前没有掌握的对应关系,便体现了译者的创新意识。

上述四种翻译意识,不能孤立地理解和运用,它们之间有着紧密的相互联系。寻知意识是正确理解和深入把握原文的先决条件,求证意识有助于译者自觉地验证自己对原文的理解是否正确、处理方案的选择是否得当,趋佳意识可促使译者由此及彼地推敲和寻找最佳方案,创新意识则支配译者穷则思变,在看似没有理想方案的情况下创造出理想方案来。四种意识环环相扣,构成了翻译思维和翻译心理的一条重要轴线,是保证译文质量的重要主观因素,也是翻译理论和翻译技巧在实践中得到恰当运用的中心环节。因此,翻译意识的培养,不仅是一个亟待解决的理论问题,也是翻译教学面临的一个重大课题。

第八节 翻译的策略

翻译理论以"忠实"为翻译标准,在探讨翻译策略时大都是采用二分法,如直译与意译、语义翻译与交际翻译、异化翻译与归化翻译等。

一、直译和意译

直译和意译在传统译论里讨论得最多。在中国古代翻译史上,就有直译还是意译的"文质之争"。从老子"美言不信,信言不美",孔子的"质胜文则野,文胜质则史",到慧远的"以文应质则疑者众,以质应文则悦者寡",释道安的"案本而传,不令有损言游字";佛经翻译史上从以安世高、支谶为代表的不成熟的直译实践,到以支谦、竺法护为代表的不成熟的意译实践,从以释道安为代表的成熟的直译实践,到以鸠摩罗什、玄奘为代表的成熟的意译以及直译意译相结合的翻译实践。而在外国翻译史中,对直译、意译问题也争论不休。如卡特福德,借用系统语法对语言的描述分类,主张用级阶(rank)的概念来解释直译和意译。认为意译(free translation)打破了级阶的限制和约束,追求译文在词、词组、小句、句子,甚至更大的语言单位上与源语等值。而逐字翻译(word-for-word translation)是建立在单词"级"上的等值关系。直译(literal translation)则介于逐字翻译和意译之间。传统的翻译观认为,注重形式的直译是忠实的(faithful),而注重内容的翻译则是自由的(free)。美国语言学家、翻译专家奈达赞同后一种译法。他认为形式的直译者主要着眼于诗歌对应诗歌、句子对应句子、概念对应概念这样的形式等同,容易误解作者的意图,甚至歪曲意义。进行着眼于原文的意义和精神而不拘泥于形式对应的动态对等翻译则比直译能更全面、更充分地理解原文的意义。英国语言学教授彼特·纽马克(Peter Newmark)称自己"或多或少是个直译派",他提出了"贴近"原则,即译者必须忠实于原文作者和原文,主张对文本中重要的因素必须在译文中得到准确的再现,即不仅内容必须准确,而且语法结构和词汇尽可能与源语贴近和对应。而文本或文本的某一语言单位越是不重要,翻译越不必贴近,可以用恰当的、规范的、社会化的语言来翻译。纽马克所说的"重要"和"贴近"实际上可以看成我们长期争论的内容与形式、意译与直译的问题。

关于直译意译之争持续了几个世纪,赞同直译者坚定不移,反对者(也即意译的赞同者)坚持己见,互不让步。其实,英文"literal translation"和中文"直译"的定义都不是十分确定,既可指逐字译,也包括逐句译(sentence-for-sentence translation)。直译作为一种翻译策略常见于以下领域的翻译:用于翻译科技资料;用于外语教学,让学生了解两种语言结构的差异；也用于文学翻译。纳博科夫（Nabokov）是文学翻译中直译的高手，在他看来，"只有直译才是真正的翻译"。

然而，在现代文学译者中，赞同直译的人为数不多，其中的主要原因之一如奈达所说，因为没有哪两种语言是完全相同的，无论是符号所指的意义或语言符号的排列方式都会有差异。可以说语际之间没有绝对的一致。因而，也就没有绝对准确的翻译。

20世纪80年代初，张培基等学者在当时的统编教材《英汉翻译教程》中这样下定义：所谓直译，就是在译文语言条件许可时，在译文中既保持原文的内容，又保持原文的形式——特别指保持原文的比喻、形象和民族、地方色彩等。但直译不是死译或硬译。应当指出，在能够确切地表达原作思想内容和不违背译文语言规范的条件下，直译法显然有其可取之处。直译法一方面有助于保存原著的格调，亦即鲁迅所说的保持"异国情调"和"洋气"；另一方面又有助于不断从外国引进一些新鲜、生动的词语、句法结构和表达方法，使我们的祖国语言变得日益丰富、完善、精密。

20世纪90年代出版的翻译教程，对直译又有了不同的阐释："直译指翻译时要尽量保持原作的语言形式，包括用词、句子结构、比喻手段等，同时要求语言流畅易懂。"一般说来，采用直译所产生的译文看起来肯定有翻译的痕迹，读起来也不是那么通顺。如果直译也"要求语言流畅易懂"的话，说明译者心目中的直译与意译的界线已经开始模糊，二者不再是对立的两种策略。意译法有以下特点：以目的语为导向；用规范的目的语语言把原文的意思表达出来；注重译文的自然流畅，不一定保留原文的结构及修辞手段。

现在人们普遍认为，直译和意译各有优缺点，意译与直译不会形成二元对立，因为翻译策略不是一成不变的。最恰当的做法是根据不同的语篇类型、翻译目的和读者对象来制订不同的翻译策略。直译、意译是翻译过程中表达阶段所采用的两种最基本的方法。正如张培基等学者所说："不同的语言各有其特点和形式，在词汇、语法、惯用法、表达方式等方面有相同之处，也有相异之处。所以翻译时就必须采取不同的手段，或意译或直译，量体裁衣，灵活处理。"在源语与目的语有共同的表达方式时，直译是最快捷有效的方法。当源语在目的语中找不到对应词，直译又无法把原意传递出来时，意译是解决问题的有效方法。

二、语义翻译与交际翻译

语义翻译重视的是原文的形式和原作者的原意，而不是目的语语境及其表达方式，更不是要把译文变为目的语文化情境之物。语义翻译把原文的一词一句视为神圣，因此有时会产生前后矛盾、语义含糊甚至是错误的译文。语义翻译通常适用于文学、科技文献和其他视原文语言与内容同等重要的语篇体裁。

交际翻译有两个重要的概念。第一，交际翻译（或交际途径）指的是视翻译为发生在某个社会情境中的交际过程的任何一种翻译方法或途径。虽然所有的翻译途径都在某种程度上视翻译为交际，而这里所说的交际翻译却完完全全地以目的语读者或接受者为导向。沿此途径的译者在处理原文的时候，旨在传递信息而不是复制一串串的语言单位，他所关心的是如何保留原文的功能和使其对新的读者产生作用。交际翻译和逐句逐行译和直译的不同之处在于，它把原文中的遣词造句的形式仅视为译者应考虑的部分因素。第二，交际翻译是英国翻译理论家彼特·纽马克提出的两种翻译模式之一，其目的是"努力使译文对目的语读者所产生的效果与原文对源语读者所产生的效果相同"。也即是说，交际翻译的重点是根据目的语的语言、文化和语用方式传递信息，而不是尽量忠实地复制原文的文字。译者在交际翻译中有较大的自由度去解释原文、调整文体、排除歧义，甚至是修正原作者的错误。译者要达到某一交际目的，有了特定的目的读者群，因此他所生产的译文必然会打破原文的局限。通常采用交际翻译的文体类型包括新闻报道、教科书、公共告示和其他很多非文学作品。

值得注意的是，交际翻译并不是一种极端的翻译策略，它和语义翻译一样，是翻译中的"中庸之道"，既不像编译那么自由，也没有逐行译那么拘谨。

那么，交际翻译与语义翻译之间有什么差异呢？交际翻译的关注点是目的语读者，尽量为这些读者排除阅读或交际上的困难与障碍，使交际顺利进行。在语义翻译中，译者仍然以原文为基础，坚守在源语文化的阵地之中，只是解释原文的含义，帮助目的语读者理解文本的意思。交际翻译强调的是译文的"效果"；而语义翻译强调的是保持原文的"内容"。根据不同的内容和文体，纽马克将文本分为表达功能（expressive function）、信息功能（expressive function）和呼唤功能（vocative function）。在以表达功能为主的文本中，如文学作品、私人信件、自传、散文等，其核心是表情达意，作者独特的语言形式和内容应视为同等重要。以信息功能为主的文本包括非文学作品、教科书、学术论文、报纸杂志文章等，其核心是语言之外的现实世界。以呼唤功能为主的文本，其核心是"号召读者去行动、去思考、去感受"，如通知、指示、宣传广告等。

三、异化翻译与归化翻译

异化翻译法（或异化法）（foreignizing translation）和归化翻译法（或归化法）（domesticating translation）是美国翻译理论家伦斯·韦努蒂（Lawrence Venuti）创造的、用来描写翻译策略的两个术语。异化翻译法是故意使译文冲破目的语常规，保留原文中的异国情调。韦努蒂把异化翻译法归因于19世纪德国哲学家施莱尔马赫（Schleiermacher）的翻译论说，"译者尽量不惊动原作者，让读者向他靠近"。施莱尔马赫本人是赞同采用异化翻译法的。韦努蒂指出，在盲目自大地使用单语并把归化翻译法作为标准的文化社会（例如英美社会）中，应提倡异化翻译法。在这种情况下采用异化翻译法，表明这是一种对当时的社会状况进行文化干预的策略，因为这是对主导文化心理的一种挑战。主导文化心理是尽力压制译文中的异国情调。韦努蒂把异化翻译描述成一种"背离民族的压力",其作用是"把外国文本中的语言文化差异注入目的语之中,把读者送到国外去"。

具体说来,异化翻译法包括以下特点:不完全遵循目的语语言与语篇规范;在适当的时候选择不通顺、艰涩难懂的文体;有意保留源语中的实观材料或采用目的语中的古词语;目的是为目的语读者提供一次"前所未有的阅读经验"。不过,韦努蒂也承认,译文是用"本土的文化材料"组成的,异化翻译像归化翻译那样,只能是翻译过程中的其中一种策略,不同的是,采用异化翻译法的译者一般都态度鲜明,而不是隐隐匿匿。

归化翻译法旨在尽量减少译文中的异国情调,为目的语读者提供一种自然流畅的译文。韦努蒂认为,归化翻译法源于这一著名翻译论说:"尽量不干扰读者,请作者向读者靠近。"归化翻译法通常包含以下几个步骤:谨慎地选择适合于归化翻译的文本;有意识地采取一种自然流畅的目的语文体;把译文调整成目的语篇体裁;插入解释性资料;协调译文和原文中的观念与特征。

四、三组翻译策略之异同

直译、语义翻译和异化翻译三者之间的共同之处是比较靠近原文;意译、交际翻译和归化翻译三者之间的共同点是比较靠近目的语或目的语读者。虽然有交叉重叠的地方,但是也有区别。我们认为,这三者之间最大的区别是:当人们讨论直译与意译时,他们的焦点是具体的操作方法;当人们讨论语义翻译与交际翻译时,他们心里想到的是语言的意义及其交际功能;而人们讨论异化翻译与归化翻译时,他们的关注点是抵制外来文化还是引入外来文化。

第二章 文化与翻译概论

本章主要介绍了中华传统文化和翻译,包括文化与中国传统文化概述、中西方翻译理论概述、翻译对译者的要求、文化与翻译的关系四个方面的内容。

第一节 文化与中国传统文化概述

文化凝聚着一个民族的历史和文明,指的是人在改造对象世界(既包括外在的自然世界,也包括内在的精神世界)的过程中所创造的物质文明和精神文明的总和。中国传统文化经历了五千年的积累与沉淀,形成了一种独一无二的文化观念形态。

一、文化探析

(一)文化的定义

文化对于普通人而言,遍布于生活中却无法感知;文化对于研究者而言,却是可以被感知的、较难把握的概念。在西方,学者爱德华·泰勒(Edward Burnet Tlylor)给出了文化的定义:文化或者文明,是从广泛的民族学意义来说的,可以归结为一个复合整体,其中包含艺术、知识、法律、习俗等,还包括一个社会成员所习得的一切习惯或能力。美国学者艾尔弗雷德·克洛伊伯(Alfred Kroeber)在1963年总结整理了前人的研究后,重新定义了文化:

第一,文化是由内隐与外显行为模式组成的。
第二,文化的核心是传统的概念与这些概念所附带的价值。
第三,文化表现了人类群体的显著成就。

第四，文化体系不仅是人类行为的产物，还决定了人类进一步的行为。

克洛伊伯对文化的定义是对泰勒定义的拓展和延伸，不仅确定了文化符号的传播手段，而且强调文化与人类行为相互影响，并且提出了文化作为价值观具有重要的意义。

联合国教科文组织发布的《世界文化多样性宣言》中给文化赋予的定义：文化是某个社会、社会群体特有的，集物质、精神、情感等于一体的综合，其不仅涉及文学、艺术，还涉及生活准则、生活方式、传统、价值观等。本书将基于此定义进行跨文化视域下的研究。

国内外学者对于文化的研究在20世纪90年代日益增多，他们对文化的界定主要分为个体层面上的文化和社会层面上的文化两种，前者指文化对个人习得产生影响的规则，后者指的是社会中常见的且长期存在的行为模式和准则。

国内外学者对文化的研究表明，文化是一种综合体，在反映社会存在的基础上，作为一种行为、价值观、社会方式等的解释与整合的同时，也是人与自身、社会、环境、自然等关系的呈现。

（二）文化的功能

1. 化人功能

文化的化人功能是由精神属性决定的。精神属性是文化具有的独特属性，人不同于动物的主要特征就是精神属性。文化的化人功能主要表现在：

一是文化可以使人获得物质之外的满足，也就是精神满足。原因是文化是先进的，有利于人们身心健康和心理发展。

二是文化是推动人类文明发展的重要动力，文化具有舆论导向力和理论指导力，舆论导向力和理论指导力可以使人们的精神需求和社会需求得到满足，并成为人们的精神力量。

2. 育人功能

文化具有育人功能，育人功能是由文化的知识属性决定的。只有学习知识，才能了解文化，在某些程度上知识可以与文化画等号。

在文化的育人功能中，"育人"指的是培育人、改变人、提高人的知识水平，而不只是简单地教授知识。文化的育人功能体现在以下三个方面：

一是文化促进社会的发展，在文化的加持下，人们逐渐摆脱蒙昧，走向现代文明。

二是文化可以塑造人格，人们通过学习文化知识，培养和提高自己的修养和人格。

三是文化可以促进人的发展。人们的各项能力可以通过学习文化知识来提升，尤其是创新能力，创新能力可以使人们实现体力劳动者向脑力劳动者的转化。

3. 整合功能

文化具有整合功能，文化的整合功能可以用来维系社会秩序的稳定运行。文化的整合功能对于社会来说十分重要，文化相当于润滑油，其整合功能可以使社会这个机器的内部零件相互之间联系更加紧密和协调。

此外，文化还可以使一个民族或国家之内的制度、行为等更加规范，这也是文化整合功能的作用。在文化的作用下，民族、国家之间的成员会逐渐产生一种归属感和自豪感，使国家内的各个民族的文化相互交融，从而使各个民族和谐相处，更加团结，促进社会和谐稳定发展。

4. 规范功能

文化具有规范功能，指的是在文化的影响下形成的规章制度更有利于规范人们的行为，从而促使社会秩序稳定发展。现如今的规章制度随着生产力的发展在不断增加，社会和生产的发展需要依靠这些制度进行。假如人们的行为不再遵循规章制度，社会便会出现动乱，这就凸显了文化的规范作用在当今社会经济迅速发展下的重要性。可以看出，文化的规范功能在社会发展中发挥了巨大作用。

5. 反向功能

文化的反向功能也是文化的重要功能之一。往往社会中存在着某些个体会违反社会的规章制度。举个例子，在社会上的某些活动中，大多数人会采用合理且合法的方式来实现自己的目的，但是也存在少部分人采用不合理、不合法的行为来实现自己的目的。这少部分人就是社会的反向功能的体现，文化的这些反向功能需要通过整合功能和规范功能来纠正，用来维持社会的有序发展。

（三）文化的特征

1. 传承性

传承性是文化的特征之一。文化并不是人们出现就存在的，文化随着人类历史的进程而发展，文化的发展是历史上各个时代的人们不断继承和发扬的习得行为。文化的传承性对于个体与社会的发展有着重要的作用，作为个体，人只有依附于文化才能够获得更好的发展。

文化经历了数千年的发展，逐渐成为人们的一种生活方式，文化的传承需要人们结合所处的时代对文化进行扬弃，即取其精华去其糟粕。

2. 民族性

民族性是文化的重要特征。不同民族的文化是不同的，不同民族的文化反映的是各个民族的独特的生活方式、习惯和规律，与各自民族所处的环境和历史规律有关。所以，民族是文化的基本形式，民族文化是一个民族的成员所接受的，是民族的思想基础和行为的体现。

3. 整合性

文化的重要功能之一就是整合功能，而整合性也是文化的主要特征之一。整合意味着文化内部各部分是相互紧密联系的。外国学者把文化分为互动、联合、生存、两性、领土、时间、学习、消遣、防卫和利用十个系统，这十个系统可以看作文化的组成部分，这些部分是相互影响和联系的，人们可以根据某一个组成部分来描述整个文化的图景。

4. 稳定性与变化性

文化具有稳定性和变化性，这两者是辩证统一的。文化的稳定性指的是不论哪一种文化，其在受到其他文化的冲击时，总会保持自身的稳定，从而使自身可以持续地发展下去。不同的文化具有其固定的生活习惯、行为、价值观等，足以保持自身文化内部的稳定。与此同时，社会经济、政治等因素都在影响着文化，促使着文化的创新发展。因此，文化又是在不断发展变化的。

二、中国传统文化研究

我国传统文化随着历史的发展，其内涵不断增加。在社会历史的发展中，传统文化中凡具有活力的东西至今仍在发挥着作用，对当今社会有着巨大的影响。我国历史悠久，中国传统文化就是经历了数千年的积累而形成的观念形态。

夏朝的建立代表着我国走出了原始社会，夏商时期人们对自然的崇拜表现为人民以"天""天帝"为信仰。西周在总结殷商灭亡经验的基础上，提出了新的天命观。西周时期逐渐建立了人生价值体系和儒道社会伦理，逐渐构建了中华文化心理。在汉代历代君主励精图治之下，汉时期的社会经济平稳发展，最有代表性的就是"文景之治"和"昭宣中兴"。随着经济发展，"汉"文化心理逐渐形成。"汉"文化心理的核心是中原农耕文化，以自然和谐为追求、以君臣父子为纲常、以忠孝仁义礼智信为价值观。"汉"文化心理对人生的社会意义做出说明，忽视了对个人精神的引领，是一个群文化心理结构。

春秋战国时期文化思想的争鸣和思想解放，促成了中国历史上文化繁荣的首次出现。这时期出现了如儒家、道家、墨家、法家、名家、阴阳家、纵横家、杂家、农家、小说家等诸多学派，诸子百家不断涌现并争艳，中华文化自此迈向多元化。

在汉代，我国逐渐形成完整的文化心理。儒学成为当时的官方思想，儒家思想自此开始了两千余年的统治历程。其他如道家、法家等学派的思想也为中华传统文化注入了新的内涵。董仲舒提出"罢黜百家，独尊儒术"后，儒学就占据了不可动摇的核心地位，两宋时期，程朱理学进一步巩固了儒家的地位。汉代之后设立了太学,选拔人才的方式是经学,排除武艺在官员任用中的影响。

上文提到"汉"文化心理失去了对人的精神的引领,东汉后期的动荡就是后果,这时个人的欲望与文化建构发生冲突,造成了东汉末年的天下大乱。东汉末年是一个动乱的时代,农民起义、诸侯割据,东汉政府名存实亡,伴随着的是儒家的没落。

两汉之后,受儒家"礼乐观"的影响,社会上呈现出"重功利、轻嬉戏"的文化思想倾向,不过后来在魏晋时期所出现的玄学对这一儒家思想进行了严重的抨击。玄学宣扬"人生在世、及时行乐"的文化思想,这一学派"独尚自然,反对名教",在实际生活中往往寄情于山水,骑马射箭、弹琴奏乐,追求享乐,这对后来的唐代社会产生了很大影响。

在唐代,士大夫阶层十分崇尚诗赋技艺,军队中比较受欢迎的体育活动是拔河、扛铁、角抵等,在官员阶层,人们喜欢拔河运动等,公元702年,武则天开设"武科举",自此开设将领的选拔被纳入科举体系中。

理学在两宋时期尤为盛行,成为占据统治地位的思想文化。周敦颐是理学的创始人,他融合了《老子》的"无极"、《周易》的"太极"、《中庸》的"诚"以及阴阳五行等学说,解说了宇宙万物生成变化的规律,阐释了封建的人伦道德,表述了"格物致知"的认识规律,提出了"修身、齐家、治国、平天下"的仕途范式。

明清时期,封建统治阶级在思想文化方面实行高压政策,统治者大兴文字狱,推行文化专制主义。以致到了康熙之后,整个思想界出现了思想麻木的局面。程朱理学在明清两代的思想文化中占据统治地位。此外,明清小说也把现实主义文学推向了高峰。

从社会心理学角度出发,社会文化心理有塑造人格的作用,社会心理学认为社会文化心理可以促使社会成员的人格共同发展,使其趋近相同。所以可以得出,在同一个社会环境下的人们会具有相似的人格特征。在19世纪初的背景下，当时人们的共同特征表现在以下几点：

第一，文化自负。当时人们以本民族为中心，认为中华文化优于其他文化。

第二，儒家在我国思想界长期的统治地位，其"中庸"思想根植于人们心中，导致当时人们安分守己、因循守旧、缺乏创新，不利于中华传统文化的发展。

随着西方的扩张，中国人的心理文化在复杂的社会中开始不断变化。鸦片战争的出现使得中国人意识到了改变的重要性。这种冲击使得人们从封建文化思想中挣脱出来，有志之士开始进行变革。八国联军的侵华打破了国人的心理防线，从而激发了人们的情绪。但是洋务运动、戊戌变法、辛亥革命的失败使人们意识到只有改变国人心理，才能够建构新的社会，因此五四新文化运动应运而生。

在失败的刺激下，中国人开始积极寻找失败的原因并找寻新的突破口。人们意识到封建腐朽的文化成了落后挨打的主要原因，在批判旧文化的过程中，人们开始积极寻求变革，进行着新文化建构。这种新文化建构的重要表现就是对西方文化著作的译介。通过翻译的引导，民众开始形成一定的集体意识，从而促进中国文化的发展。

随着中国传统文化进入低谷，人们的社会文化心理也在发生着变化。先进知识分子意识到落后的封建文化是造成当时局面的主要原因，于是开始批判旧文化，同时进行新文化和新文化心理的建构。最直观的表现就是对西方书籍的翻译。在20世纪初，我国社会群众的精神食粮一部分就来自在日本留学学生的"译书热"。

五四新文化运动改变着国人的文化心理和社会的风气，对传统文化造成了冲击，主要表现在：

首先，引进民主、科学、自由、平等的思想理念。当时国人为了救亡图存向西方学习先进的观念，促进我国新的社会文化心理形成。

其次，引进科学精神和科学手段。科学精神和科学手段在当时帮助国人认识新的知识和方法，使人们意识到科学的重要性。

再次，传统文化意识形态与新文化心理结合。新文化与传统文化相结合且被大众认可，是新文化构建的必要阶段。当新文化与传统文化融合成一体时，新的社会文化心理才算真正形成。

最后，共产主义的传播。在俄国十月革命成功之后，我国先进知识分子开始了解并运用马克思主义到实践中。马克思主义是中国近代社会的选择，新的社会文化心理的建构离不开马克思主义。

总而言之，中华文化博大精深，与语言有着十分密切的关系，深入地了解中国传统文化，可以帮助人们在跨文化领域更好地进行交流。

第二节 中西方翻译理论概述

一、中国翻译理论研究

（一）中国古代翻译理论

春秋战国时期，我国的翻译活动就已经在诸侯之间开始进行，但是这种翻译并不是不同语言之间的语际翻译。在佛教传入中国后，为了了解佛教的基本教义和主要佛经，才出现了真正的不同语言间的翻译。历史上许多翻译人员都随着佛经翻译而出现，它们促使佛教在中国得以广泛传播，为传统文化和中国语言做出巨大的贡献。与此同时，在翻译时，杰出的翻译家们总结翻译心得，得出翻译理论。

我国古代的翻译家有支谦、释道安、鸠摩罗什、彦琮、玄奘等人。

1. 支谦的翻译理论

东汉末年，我国翻译佛经的主要是支谦，支谦的翻译理论主要体现在《法句经序》中，如：

"唯昔蓝调、安侯世高、都尉、佛调，译梵为秦，审得其体"，这里是支谦总结了先贤的翻译心得。

"因循本旨，不加文饰"，指的是支谦的翻译原则，即遵循佛经的本质，不加以修饰。

"译所不解，则阙不传"指的是支谦对翻译佛经的变通策略。

"然此，虽辞朴而旨深，文约而义博，事钩众经，章有本故，句有义说"，说的是支谦在层次方面上评论分析译文结构。

"或得梵语，或以义出音"，这是当时背景下困扰翻译家们的一个难点，指的是音译和意译之间的问题。

"名物不同，传实不易"是困扰当时翻译家们的又一个难点，说的则是物体概念的翻译问题。

由此可以看出，支谦在前人的基础上，看到了翻译的内容与形式相统一、本质与表面相统一，基于此，支谦通过将"本旨""文三"作为相对概念来建构翻译的理论，增加人们对翻译的了解。

2. 释道安的翻译理论

魏晋南北朝时期，中国传统文化初步呈现出儒、佛、道三家并立的文化格局。

东晋、前秦时期的释道安是杰出的翻译家，在总结其他翻译家的经验并结合自己的实践的基础上，释道安提出了"五失本，三不易"的论述，见于《摩诃钵罗若波罗蜜经钞序》。

(1) "五失本"

"五失本"指的是在佛经翻译过程中，有五种做法会使译文失去原文的本来面貌。对其分析如下：

"五失本"中第一个"失本"是"胡语尽倒而使从秦"。所谓"胡语尽倒"，是指胡文与汉语存在语序相反的结构性差异。为了便于中土人士理解，译经者不得不将胡文语序调整为汉语语序。

第二个"失本"是"胡经尚质，秦人好文，传可众心，非文不合"，讨论的是佛经翻译语言风格的"文""质"问题。

第三个"失本"是"梵语委悉，至于叹咏，叮咛反复，或三或四，不嫌其烦，而今裁斥"，指出重复性经文在翻译时会被删除，导致翻译后出现误差。

第四个"失本"是"梵有义记，正似乱辞，寻说向语，文无以异，

第二章 文化与翻译概论

或千五百,刈而不存",指的是在佛经末尾的义说在翻译中做出删减,使译文不同于原文。

第五个"失本"是"事已成全,将更傍及,反腾前辞,已乃后说,而悉除此",讨论的是在佛经每论的全文后通常要纵横牵扯,在翻译原文时会将其删除,导致译文与原文有区别。

释道安总结出的"五失本"指出当时佛经翻译的几个主要问题,但是没有提出解决的方案。

(2)"三不易"

"三不易"指的是在佛经翻译过程中面临着三种困难。

第一个"不易"是"然笠若经,三达之心,复面所演,圣必因时,时俗有易,而删雅古,以适今时,一不易也",指的是随着时代的变化,要翻译出之前的佛经,可能会造成译文不符合当今时代背景的现象。

第二个"不易"是"愚智天隔,圣人叵阶,乃欲以千岁之上微言,传使合百王之下末俗",指的是后人并不一定能完全理解著作佛经先贤的思想,理解起来不容易。

第三个"不易"是"阿难出经,去佛未久,尊者大迦叶令五百六通,迭察迭书,今离千年,而以近意量裁,彼阿罗汉乃兢兢若此,此生死人而平平若此,岂将不知法者勇乎",指的是佛经是先贤的著作,它们长期浸淫在佛经之中,具有全文性,而当今的翻译者却远远达不到先贤的水平,翻译起来可能会造成译文与原文有出入,这就是翻译起来不容易。

释道安的"三不易"指出当时翻译者、原著和译文读者之间由于水平不同而产生的矛盾问题,释道安对于佛经的翻译有着巨大的贡献,他提出了佛经翻译的诸多问题,为后来的翻译者们做好了基础。

3. 鸠摩罗什的翻译理论

在东晋、前秦时期,天竺的鸠摩罗什来到中原翻译佛经。鸠摩罗什翻译经文300余卷,最为出名的是《天然西域之语趣》。他以意译的方式来翻译经文,一改以往音译的方式,而且他还倡导翻译时译者要署名。鸠摩罗什虽然没有正式地提出翻译的相关理论，但是其一些论述和观点为我国翻译奠定了基础。

鸠摩罗什认为梵文和汉语的文体不同使得在音译时，总会有些不妥，所以他在翻译时对文体进行了改良，在保留原作风姿的基础上使其更加通俗和优美。在文质上，鸠摩罗什认为在翻译时不一定要局限于原来的形式，只要文章的原意不变，便可对其进行加工，使译文阅读起来流畅婉约、声韵俱佳。另外，在佛经译文的名字方面，鸠摩罗什认为可以采用音译的方法来对佛经中没有对应的梵语、人名翻译。这样做的好处有两点：一是避免出现音译过多造成读者不能理解的坏处和不同音译造成的牵强附会；二是适量的音译可以保留一些梵文的特点，不仅能丰富汉语的词库，也可以增加译文的美感。

4. 彦琮的翻译理论

隋唐时期，随着佛教本土化，佛经的翻译也逐渐兴盛了起来。隋代的彦琮是当时著名的译者，他的主要理论是翻译佛经需要具备的必要条件，共有八项，即"八备"说：

"诚心爱法，志愿益人，不惮久时"，指的是翻译者志愿献身于佛经翻译的事业，不惧怕艰难险阻。

"将践觉场，先牢戒足，不染讥恶"，指的是翻译者需要具备端正的人格，如忠诚、守信、不被别人讨厌。

"筌晓三藏，义贯两乘，不苦暗滞"，指的是翻译者需要博览佛经，知晓佛经的要义，不拖泥带水。

"旁涉坟史，工缀典词，不过鲁拙"，指的是翻译者需要善于写作、知晓中国的历史。

"襟抱平恕，器量虚融，不好专执"，指的是翻译者需要宽以待人，向别人虚心求教，不能钻牛角尖。

"耽于道术，淡于名利，不欲高衔"，指的是翻译者要不以名利为目的，专心于翻译事业。

"要识梵言，方闲正学，不坠彼学"，指的是翻译者要精通梵语和梵语与汉语之间的翻译法则，翻译时不能曲解、丢失原意。

"薄阅苍雅，粗谙篆隶，不昧此文，指的是翻译者要了解中国训诂，翻译佛经时需要准确。

在"八备"中，第一、二、五、六说的是翻译者需要具备的个人品格，其余介绍的是翻译者需要具备的知识和能力。

在《辩证论》中，彦琮提出翻译者需要坚持"宁贵朴而近理，不用巧而背源"的原则。

5. 玄奘的翻译理论

唐朝时期佛经翻译的代表人物是玄奘，虽然他翻译了诸多佛经，但是玄奘关于翻译的理论流传下来的不多。"既须求真，又须喻俗"是玄奘的翻译思想，他的译文是文质结合的典范，在译文忠于佛经原文的基础上，同时文体风格也不错。

玄奘在翻译过程中运用到的技巧有六种，如下：

一是补充法（增词法）。

二是省略法（减词法）。

三是分合法（分译法和合译法）。

四是变位法（调整词序满足需要）。

五是代词还原法（把原来的代名词译成代名词所代的名词）。

六是译名假借法（用另一种译名来改译常用的专门术语）。

玄奘在翻译过程中运用到"五不翻"原则，其中"不翻"实际上就是采用音译，"五不翻"原则如下：

一是秘密故不翻。指的是有神秘色彩的词语采用音译。

二是多含故不翻。指的是拥有多种语义的词语需要音译，若采用意译，可能导致译文与原文不符。

三是此无故不翻。指的是中国没有的词语需要音译，如当时中国没有"胜金树"，这个词语就需要音译。

四是顺古故不翻。指的是对之前佛经译文中约定俗成的普遍使用的音译的词语不能采用意译的方法。

五是生善故不翻。指的是一些词义音译可以令人尊敬，意译的话可能会将其看作平常的词语。

（二）中国近代翻译理论

1. 徐寿、傅兰雅的翻译理论

洋务运动时期的著名的翻译家有徐寿、傅兰雅等人。徐寿和傅兰雅翻译西方著作 13 部，著名的书籍有《化学考质》《化学鉴原》等，他们还首创了化学元素的中文名称。傅兰雅经过翻译工作的总结提出了翻译标准，即翻译要"不失原文要旨"，"易于领会"。

洋务运动时期的翻译家们对科学技术的专业术语进行了统一，他们还提出了"译名七原则"，并编纂了科学技术术语词典，是宝贵的财富，是对中国翻译的巨大贡献。

徐寿和傅兰雅提出的"译名七原则"如下：

一是译名要简练。

二是尽可能直译，而不意译。

三是不能意译的话需要用适当的汉字音译，这就需要建立音译体系，其中的基本词素要固定，而且要用官话音译。

四是译名要予以准确的定义。

五是译名要有灵活性。

六是在各种场合译名都要符合原意，不致矛盾。

七是新术语尽可能同汉语的固有形式构建相一致。

"译名七原则"对我国引入科学技术有着巨大的帮助，指出了译名的规则，使数学、物理、化学、地理、医学等科学书籍得以在中国翻译并传播，促进了翻译理论的形成。同时，"译名七原则"还证明了中国人同样可以创造词汇。

2. 梁启超的翻译理论

作为我国近代著名的思想家和文学家，梁启超为了推进变法运动，将翻译作为强国的手段。梁启超认为翻译者必须与原著作者的水平相似，这样才可以将原著的意思正确翻译出来，译出具有良好质量的佳作。

在《变法通议》中，梁启超指出了翻译书籍的两个弊端，即"一曰徇华文而失西义，二曰徇西文而梗华读"。梁启超认为如果按照汉语的表达顺序和习惯，那么原文的文化内涵将会部分丢失，倘若按照英文的表达顺序和习惯，那么会使人们难以领会所译书籍。梁启超在《变法通议》中还提到，鸠摩罗什和玄奘他们都十分了解梵语和汉语，了解原文的意思，可以很顺利地进行翻译工作，因为他们在翻译时只需要直接翻译成汉语，并不需要加以润色。梁启超认为熟识翻译双方的语言是翻译的最佳方法。梁启超还认为翻译时翻译者必须要将原文的含义翻译出来，不能删减或增加不相关的内容。

3. 林纾的翻译理论

虽然林纾不懂外语，但是他还是与多位学者翻译了不同国家的许多作品。作为中国文学翻译事业的先驱者，林纾对于中国翻译事业提供的宝贵财富如下。

（1）翻译不易

林舒指出，在做翻译工作时，翻译者需要秉承严谨的态度，在了解原著作品的背景和等职时候，再结合双方语言对原著进行翻译。在翻译时，翻译者需要符合原著语言的习惯，只有这样，才会产生质量上乘的佳作。

（2）译名要统一

林纾认为，在翻译英文著作时，需要多于单词很多的汉字，这是因为一个汉字只有一个含义，将汉字组合成词语，才能将词语组成句子。另外，常常没有确定的名词，导致在翻译英文著作时，出现译文与原文不符的现象。林纾对此向政府提出了建议，"由政府设局，制新名词，择其淳雅可与外国名词相通者，加以界说，以惠学者"。虽然这个建议没有被政府采纳，但不能抹去林纾对于中国翻译事业的贡献。

（3）译文要忠实于原著

在翻译《黑奴吁天录》时，林纾在例言中指出："是书为美人著。

美人信教至笃,语多以教为宗。顾译者非教中人,特不能不为传述,识者谅之。"这段话的意思是,这本书是一位美国的基督教徒的著作,由于林纾自己不信基督教,可能在翻译工作时会产生一些歧义,希望读者能够谅解。林纾指出,翻译者在做翻译工作时不可避免地对原文产生一些不同的想法,尽管如此,还是需要忠于原著。

4. 鲁迅的翻译理论

作为我国重要的思想家、文学家,鲁迅也是我国翻译事业的重要开拓者,他一生翻译的书籍有四千余本。鲁迅认为翻译要"有益""有用"。鲁迅的翻译目的是为革命服务、供大家参考。为什么而译?"为了我自己和几个以无产文学批评家自居的人,和一部分不图'爽快',不怕艰难,多少要明白一些这理论的读者",这就是鲁迅的回答。

鲁迅主张"以信为主,以顺为辅",他认为在翻译工作中最重要的是"信",翻译者在翻译时需要在"信"的基础上来实现译文的"顺"。这两项是鲁迅认为翻译时必须要做到的。在当时社会上有学者提出了"与其信而不顺,不如顺而不信",鲁迅则在发表的《再来一条"顺"的翻译》中进行辩论,同时鲁迅指出"宁信而不顺","这自然是'顺'的,虽然略一留心,即容或会有多少可疑之点……这才明白《时报》是因为译者不拘泥于硬译',而又要'顺',所以有些不'信'了。倘若译得'信而不顺'一点,大略是应该这样的……"鲁迅的这句话常常被人们误解,认为鲁迅觉得"信"比"顺"重要,即"求信而不求顺",但是鲁迅并未将"信"和"顺"对立起来,他认为并不是为了"信"可以将"顺"置之不理,而是两者之中要以"顺"为辅,以"信"为主。

由于鲁迅发现许多译文具有诸多如随意删减、增加、颠倒等不良风气,所以他认为在翻译时,要以直译为主,以意译为辅。鲁迅认为的翻译上的直译既要保留原文的内容,也要保持原文的行文风格,并不是钻牛角和抠字眼。

在当时的社会上出现许多译文质量奇差的现象,影响到了我国民众的阅读。对于这一现象,在《非有复译不可》中,鲁迅提出"诬赖、开心、唠叨都没有用处,唯一的好方法是又来一回复译,还不行,就再来一回",指出了复译的重要性。

鲁迅认为翻译批评是处理近代国内翻译界乱译、硬译情况的手段之一。同时,他还指出当时译文质量差不只是因为翻译者,当时学界的风气和批评家也是影响翻译质量的原因。鲁迅认为可以通过增加正确的翻译批评,来整顿当时学界的风气,这样可以用来逐渐改善翻译作品的质量。可以看出,在近代翻译批评的发展中,鲁迅贡献出巨大的力量。鲁迅对于翻译批评的做法有利于近代翻译水平的增长和翻译批评的正确发展,他指出,需要为国内的读者提供优质的翻译作品,择优原则会使国内读者的阅读水平增长,这是鲁迅对于翻译批评的大度的表现。将唯物主义思想运用在翻译批评中是鲁迅为国内翻译界留下的宝贵财富,为我国近现代翻译打下了良好的基础。

5. 严复的翻译理论

作为著名翻译标准和原则,"信、达、雅"(天演论)出自严复之手。严复是我国近代又一伟大的翻译家,他结合我国古代先贤的宝贵经验和自身的理解,创下了完整的翻译标准:

一是"信":指的是将原文的内容与意思准确表达出来。

二是"达":指的是翻译后的文章必须要流畅。

三是"雅":指的是译文需要符合大众审美,必须典雅。

"信、达、雅"作为严复首创的翻译标准,在翻译界有着深远的影响。

(三)中国现代翻译理论

1. 胡适的翻译理论

胡适不仅仅是我国五四运动时期的文学家和哲学家,也是著名的翻译家,他主张用全白话诗翻译。胡适指出,诗歌需要符合普通贫民大众的审美,是给大众来欣赏的,而文言文则是给封建时期的达官贵人使用的。基于此,胡适认为翻译国外著作需要做到通俗易懂,对于白话文的发展有着重要的推动作用。胡适翻译的西方著作有拜伦的《哀希腊》和易卜生的《娜拉》等,除此之外,他还翻译了诸多名家的小说,如莫泊桑、都德、契诃夫等人。

胡适认为,翻译作品需要做到"三负责":一是对原文作者要负责,使译文内容不改变丢失;二是对读者负责,指的是译文要能使读者看懂;三是对自己负责,指的是在翻译工作中不能马虎,需要认真负责,不能自欺欺人。

在《建设的文学革命论》中,胡适指出,翻译西方著作需要选择优质作品进行翻译,不要翻译"一流"之外的作品。胡适的翻译思想在当时对国内翻译水平的提升起到巨大的作用。

2. 郭沫若的翻译理论

郭沫若不仅是我国著名的文学家、戏剧家,同时,他还是一位翻译家。郭沫若的翻译观点如下。

(1) 风韵译

"风韵译理论"出自《歌德诗中所表现的思想》的"附白",郭沫若认为,翻译作品时,需要将两种不同的文化融合,不能仅仅将文章机械地翻译出来,而是要"以诗译诗",同时郭沫若主张再造原文著作的审美风格。

(2) 生活体验论

郭沫若指出,翻译者需要具备责任心和主体性。翻译者在选择国外著作翻译时,需要从正确的出发点出发,同时翻译者需要严谨地对待翻译工作,应具有较强的责任感。情感上的投入在郭沫若看来也是十分必要且重要的,郭沫若在翻译国外著作时,常常将自己代入原作者的身份当中。郭沫若认为,翻译者在翻译国外著作时,需要了解作者与原著,基于此来认识原作者要表达的内容与思想,然后在翻译过程中才能更好地还原原著要表达的内容。"生活体验论"是郭沫若为我国翻译界留下的重要财富。

(3) 好的翻译等于创作

在早些时候,郭沫若认为翻译作品的工作是附属于创作作品的,原作的地位是高于翻译作品的。而后随着翻译思想的演变,郭沫若将翻译工作同文学创作视为同一地位,指出质量好的翻译作品甚至好于原作。郭沫若指出,由于翻译者需要将自己代入创作者的身份去体验生活,这种体验是难于直接体验生活的,而且翻译者需要熟识双方的语言,所以翻译的难度在一些时候是比创作作品困难的。不仅如此,翻译工作还需要翻译者具有创造性。可以说,郭沫若进行的不仅仅是翻译,在一定程度上,称得上是进行艺术的再加工,他认为这样才能促进国外著作的翻译工作良好地进行下去。

3. 茅盾的翻译理论

严复的"信、达、雅"翻译准则和标准对我国近现代的翻译批评起到重要的作用,但是茅盾认为,当时翻译与翻译批评两者的联系不够紧密,翻译批评不能够真正指导翻译工作的进行。在当时,"直译"和"意译"的争论持续进行,而茅盾基于中国传统文化思想提出了"形貌"和"神韵"相结合的辩证统一的翻译批评理论。茅盾认为在翻译英文著作时,由于英汉的语法不通,所以仅仅直译是行不通的,采用直译的方法,会使译文表达的内容和思想与原文不同,也就是"神韵"不同,而采用意译的方法,会导致译文与原著语言形式出现差异,也就是"形貌"不符。茅盾认为"形貌"与"神韵"两者是辩证统一的。

茅盾改善了翻译批评和翻译之间的联系,他提出"形貌""神韵""单字""句调"等概念,促进了翻译批评的发展。同时,当时"直译"和"意译"这一难题也在"形貌"与"神韵"辩证统一的翻译批评理论下迎刃而解。茅盾为我国现代文学翻译批评的发展做出了重大贡献,促进了翻译与翻译批评的发展。

4. 叶君健的翻译理论

叶君健掌握多种语言,如英文、瑞典文、丹麦文,而且擅长用外语写作。作为我国著名的文学家和翻译家,叶君健翻译了诸多安徒生的童话。他的主要翻译作品有托尔斯泰的《幸福的家庭》、梅里美的《卡尔曼》、贝洛奇等的《南斯拉夫当代童话选》、爱斯古里斯的《亚格曼农王》等。

与郭沫若的观点相似，叶君健同样认为在翻译中需要翻译者进行再加工和再创造。以往我国的翻译理论认为，翻译者在翻译中需要"隐身"，而叶君健指出翻译不仅仅是机械地、简单地进行工作，而需要像文学创作一样对原著进行加工，同写作一样，也是文学创作。翻译者的文化素质、修养和立场等因素会影响到翻译作品的功能和倾向。

《翻译也要出"精品"》是叶君健在1997年发表的关于翻译的文章，叶君健认为"译者的个性"和"个性的译作"是十分重要的。在文中，叶君健提出了"精品"理论，"精品"理论指的是如果翻译者的素养足够高，那么该翻译者翻译的国外著作也会变成该国家自己的著作。叶君健的"精品"理论是他为中国翻译界留下的宝贵财富。

5. 傅雷的翻译理论

作为我国著名的翻译家，傅雷在《高老头》译序中提出了新的翻译标准，即传神达意和神形和谐。

（1）传神达意

傅雷指出，在翻译工作中，只是弄清和领悟作者要表达的内容和思想远远不够，将其用汉语准确流畅地翻译出来才是翻译的要领。傅雷认为，传神达意作为翻译的新标准如下：

首先，用汉语写作。在傅雷看来，一部好的翻译作品与用汉语写的作品是一样的，只有这样，才能使翻译作品更加流畅和完整，才能表达原文的主旨。

其次，反复修改。傅雷的座右铭是"文章千古事，得失寸心知"，傅雷认为翻译作品不能一蹴而就，而是应该循序渐进，不断地对翻译作品进行修改和完善，直至作品趋近完美。

最后，重视翻译作品的附属部分。译文序、索引、注解、后记等都是译文的附属部分，这些内容能够使读者更好地进行阅读和领会原著的主旨。

（2）神形和谐

傅雷将绘画中的"形神论"运用到梵语中，他指出，翻译工作就像绘画工作，神似是十分重要的，形似则是次要的。傅雷认为，在翻译过程中要实现传神达意的标准，需要追求神似，但是神似并不是完全舍弃原文的语法句式，而是译文在能表达原文主旨的基础上将形式趋近原文。两者是相辅相成的，缺一不可。

译文的神似与形似相结合需要翻译者对原文进行加工。傅雷指出，假如原作者用汉语翻译译文，那么翻译来的作品必须使用符合中国语言规律的汉语来创作，必须流畅。傅雷认为，可以通过使用行话、方言、旧小说套语的方式来体现时间、空间的差异和原文的内容。傅雷还指出，需要翻译者自己调整行话、方言、旧小说套语等来使翻译的作品流畅和完整。将行话、方言、旧小说套语等融入翻译作品中是傅雷对中国翻译学的一大贡献，可以生动形象地还原原文。

二、西方翻译理论

（一）古代至中世纪翻译理论

1. 西塞罗的翻译理论

古罗马的西塞罗是当时著名的翻译家，他翻译过许多古希腊关于哲学和政治等方面的著作，最出名的如荷马的《奥德赛》和柏拉图的《蒂迈欧篇》。西塞罗的翻译理论对后来西方翻译的发展产生了深远的影响，是因为他是从翻译的实践出发，从实践来发展理论的。

西塞罗在《论最优秀的演说家》中指出"演说家"式翻译和"解释员"式翻译的区别，这也是直译和意译的区别。西塞罗在《论善与恶之定义》中指出，不能进行机械式的翻译，应该采用生动形象且灵活的手段来进行翻译。在翻译时需要使原文转化成符合读者阅读习惯和欣赏水平的译文。《论最优秀的演说家》和《论善与恶之定义》虽然不是西塞罗专门论述翻译的著作，但是他对于翻译独到的理解对西方翻译来说是一笔宝贵的财富，是西方翻译理论的开端。

由此可以看出，西塞罗认为翻译不仅仅只是将古希腊文翻译成古罗马文，而是一种文字创作。西塞罗作为西方翻译的鼻祖，使翻译真正地接近实践。另外，西塞罗还提出了形式与内容的关系、译作与原作的关系、翻译的两种基本方法与译者的权限和职责等问题。

2. 哲罗姆的翻译理论

身为罗马教父的哲罗姆，是早期基督教的权威神学家。同时，哲罗姆在翻译方面也颇有建树，他提出翻译工作的主要原则：

一是翻译需要灵活多变，不能只采用直译的方法。

二是"宗教翻译"与"文学翻译"应该区分开来。

三是只有正确地理解才能做出正确的翻译。

3. 贺拉斯的翻译理论

古罗马时期还有一位翻译大家贺拉斯，同时他也是当时著名的政治家和诗人。贺拉斯深受西塞罗的影响，认为翻译不是简单地直译，意译才是翻译家真正的选择，但是选择意译也不是翻译者可以随意篡改原文内容的方式，必须要符合原著的主旨。他在《诗艺》中提出"忠实原作的译者不会逐词死译"，这也是贺拉斯和支持意译的翻译者们用来反对直译的名言。

贺拉斯认为古希腊的文化是先进的，他提倡和谐、平易、创新和寓教于乐的文学风格，提出"以希腊为典范的旗帜"，人们基于此贺拉斯的观点，制定了古典主义的文艺原则，受到后世西方文艺复兴学者们追捧。

4. 布鲁尼的翻译理论

西方中世纪末期的布鲁尼不仅仅是政治家，还是当时最出名的翻译理论家。布鲁尼的翻译理论如下：

一是翻译者需要在翻译时还原原作的风格。

二是不论何种语言，都可以将翻译有效地进行。

三是翻译工作是将原文中的内容转移到译文中，需要翻译者具有丰富的学识和对双方语言、文化的理解。

在西方翻译史上，布鲁尼最早对翻译问题进行研究。

5. 昆体良的翻译理论

古罗马时期的昆体良不仅仅是一位演说家和教育家,也是一位翻译家。和西塞罗与贺拉斯相同,昆体良也支持意译。在昆体良唯一保存并流传下来的《修辞学原理》中,不仅提到了他关于教育问题的理解,也在其中论述了他的翻译理论。昆体良在《修辞学原理》中提出了翻译作品可以与原文进行"竞争",而"竞争"的前提就是要进行创造性的翻译。昆体良将翻译分为了"翻译"和"释义",前者是一般材料的翻译,后者则是创造性的翻译,即原作的再加工和再创造。通过对原著的编译和再创造,生成新的文学创作。译文与原作"竞争"的观点最早出自昆体良的翻译理论。

6. 奥古斯丁的翻译理论

奥古斯丁的符号理论对语言学和翻译学有着重要的作用,对后世影响深远。他的翻译理论如下:

一是翻译者必须掌握双方语言,并且对于所译原著的题材了然于胸,另外,翻译者还需要具有校对勘正的能力。

二是翻译者在翻译时需要使译文朴素、典雅、庄严。

三是在翻译时,"所指"、"能指"和译者"判断"之间的关系是翻译者必须厘清和考虑的。

四是在翻译时,"词"是翻译的基本单位。

(二) 文艺复兴时期翻译理论

1. 马丁·路德的翻译理论

文艺复兴时期德国的马丁·路德对翻译有着重要的贡献,《伊索寓言》是马丁·路德翻译的国外著作。他的翻译理论如下:

一是翻译者需要使用通俗易懂的语言进行翻译工作,这样译文才能广泛传播。

二是翻译者在翻译时需要使译文与原文之间的"神似"和"形似"关系辩证统一。

三是翻译者在翻译时需要采用意译的方法将原文的语言现象还原,

使读者可以更好地理解原文的内容。

四是翻译者在翻译时需要集思广益。

五是翻译的原则有七点。

①翻译时可以根据需要改变词序。

②翻译时可以根据需要增加连词。

③翻译时可以根据情况增加语气助词。

④翻译时，如果原文的词语译文没有对等形式，可以省去。

⑤翻译时可以将一个词翻译成多个词语或词组。

⑥翻译时，译文与原文之间比喻用法和非比喻用法可以相互转换。

⑦翻译时需要注意准确性，文字的变异形式需要注意。

2. 多雷的翻译理论

多雷是文艺复兴时期法国的翻译家，他为翻译学奉献出了一切。作为当时著名的学者，多雷学识渊博，拥戴人文主义。多雷认为翻译不是简单地将词语进行翻译，而是要将原文的意思表达出来。多雷指出，意译可以根据语言的需要对语法句式即兴调整。多雷的《论出色翻译的方法》是西方最早系统论述翻译问题的文章。《论出色翻译的方法》是多雷关于翻译思想的集中体现，他指出翻译工作需要做到：

一是翻译者必须了解原文的内容、思想、主旨和作者的意图。

二是翻译者在翻译时必须要保证原文的优美意境不变，这就需要翻译者熟练掌握双方语言。

三是翻译者在翻译时不能按照词语逐字翻译。

四是翻译者在翻译时尽量使用通俗易通的词语，减少使用刻板的词语。

五是翻译者在翻译时需要根据语言习惯来调整语序，使译文可以被人们流畅地阅读。

多雷是文艺复兴时期第一个为翻译而献身的学者，他因认为意译才是真正的翻译而被施以火刑。多雷在文学上的造诣极高，它的翻译理论是翻译史上的宝贵财富，被西方后世的翻译者所推崇。

（三）西方近代翻译理论

1. 巴特的翻译理论

18世纪的巴特是一位著名的翻译家，同时，他也是当时西方的文学理论家，巴特的翻译作品主要有亚里士多德的《诗学》等。巴特是在翻译实践的基础上提出他的翻译理论和思想的，他的翻译理论主要体现在其所著的《纯文学教程》和《论文学原则》中。巴特在《论文学原则》中指出，影响语言的普遍因素是语序，而不是语法，当两者出现冲突时，要将语序放在首要地位。基于此，巴特提出了翻译的十二项规则，这里列举几条：翻译时需要首先考虑原文的思想出现的先后顺序；翻译时原文中的连接词不能删除，应该保留；翻译时应该尽量使译文完成后的篇幅与原文相同；翻译时原文中的修辞手法不能改变，需要保留。巴特翻译的亚里士多德的《诗学》就遵循了以上规则，他所翻译的《诗学》在形式上与原著相同，其中语序、篇幅、句子长短与原文相近。

2. 歌德的翻译理论

歌德不仅在文学创作方面有着十分重要的成就，在翻译方面，他也有着十分重要的影响。歌德将翻译分为逐字对照翻译、按照译语文化规范的改编性翻译和传递知识的翻译三种类型。歌德认为其中传递知识的翻译是翻译的最优解，因为这种翻译既能将原文的内容与思想表达出来，也能体现文学的典雅与优美。歌德指出，在世界事务中翻译具有十分重要的地位，翻译是最有价值的事务之一，即使使用不同的语言也可以将文章中的内容、思想主旨相似地表达出来，这是各种文学作品的可译性表现。歌德认为，翻译者在翻译国外的散文和诗时，都应将其用散文的形式翻译出来。

歌德对于翻译的分类和他的散文译诗对于当时乃至现在的翻译理论都有着十分重要的影响。歌德翻译了狄德罗的《拉摩的侄儿》、切里尼的《自传》等著作，这是他为翻译界留下的宝贵财富。

3. 洪堡的翻译理论

作为德国的哲学家和教育家的洪堡也为翻译理论做出了巨大的贡

献。洪堡关于翻译理论的研究主要体现在《论人类语言结构的差异及其对于人类精神发展的影响》、《按语言发展的不同时期论语言的比较研究》和他翻译的埃斯库罗斯的《阿伽门农》的序言之中。

洪堡指出,语言在人类文化中具有十分重要的地位和作用,语言决定着思想文化,与思维、精神、文化密切相关。洪堡认为翻译可以丰富民族语言和民族文学,他指出即使由于语言不同给翻译工作带来困扰,但是翻译工作也是可以进行的,翻译的可译性与不可译性是一种辩证关系。洪堡认为翻译的首要原则是忠实,只有忠实原著才能反映出原著的内容和思想,而忠实原则要求的也不是忠实一切,一些无关紧要的内容则无须关注,只需要忠实原著真正的特点与思想即可。

洪堡提出的两元论的语言观是他为翻译学做出的最重要的贡献。虽然在当时的学界并没有学者重视洪堡的两元论,但是他的这个理论为二分法语言观提供了基础,在二元论的影响之下,后世的帕尔西格、斐迪南·德·索绪尔、加丁姆等提出了二分法语言观。二分法语言观奠定了现代翻译理论的基础,此方法从"语言系统"和"言语系统"研究翻译。由此可见,洪堡的二元论是当今翻译学发展的重要基础,有了洪堡的翻译理论,才有了二分法语言观和当今翻译理论的发展。

4. 施莱尔马赫的翻译理论

德国的施莱尔马赫不仅仅是哲学家,也是一位翻译家。他在1813年发布的《论翻译的不同方法》提出了翻译的方法和原则。施莱尔马赫的翻译理论如下:

第一,施莱尔马赫把翻译分为笔译和口译,并对两者进行阐述。施莱尔马赫认为,口译的价值极低,不值得对之进行学术研究,因为它是用在商业上的翻译。而笔译则是为了使国外著作在本国传播而进行的翻译,具有重要的学术价值。

第二,施莱尔马赫认为真正的翻译,也就是笔译可以分为"释译"和"模仿"。"释译"主要针对的是具有专业性的学术作品,这些作品中的概念是不可改变的,用"释译"可以使译文在最大程度上与原文相同,但需要克服语言不同的困难。而"模仿"针对的则是文学作品,如小说和散文等,用"模仿"可以对原文进行再创造,不需要克服两种语言之间的困难。但是不能与原文相似。

第三,施莱尔马赫认为翻译的途径有两种:一是使读者靠拢作者;二是使作者靠拢读者。韦努蒂受到了施莱尔马赫的这一理论的巨大启发,提出了翻译的归化和异化理论。

施莱尔马赫的理论在现在也具有十分重要的影响。

(四) 西方现当代翻译理论

西方现当代的翻译理论进一步发展,出现了许多杰出的翻译家,他们对翻译学做出了巨大的贡献。在这里主要介绍西方现当代的语言学派和功能学派。

1. 语言学派

西方学者奥古斯丁是西方翻译理论的语言学之父。基于亚里士多德的"符号"理论,奥古斯丁在语言符号方面提出"能指"、"所指"和译者"判断"三者之间的关系。

现代语言学诞生的标志是索绪尔提出普通语言学,他在20世纪初将语言符号的性质提炼出来,对语言的历时和共时与语言和言语进行区分,对翻译理论的发展提供了强大动力,也影响了其他如人类学、社会学、哲学等学科。索绪尔的翻译理论为现代翻译学的语言学方法提供了坚实的基础,翻译理论的语言学派基础架构由此完成。语言学派是翻译研究发展的新方向,索绪尔开拓出西方翻译理论发展的新路径,引导了现代诸多翻译理论家向语言学的方向研究翻译,并建立独特的翻译模式,即语言学派的翻译家的核心理论是"等值",他们认为解决翻译问题的根本途径是不同语言之间的等值转换方法。另外,语言学派的翻译家着重研究和分析了翻译过程中的语言现象和语言规律。翻译学语言学派的出现是西方翻译理论在现代飞速发展的表现,翻译学也在20世纪中叶纳入语言学的相关范畴。

(1) 奈达的翻译理论

奈达是西方现代著名的翻译家和语言学家,他是翻译学语言学派的领头人。作为现代翻译理论的开创者,奈达发布过许多翻译理论的文章和著作,这些文章和著作形成了完整的翻译理论系统,其中《翻译理论与实践》《语言结构与翻译》《翻译科学探索》《语言与文化:翻译中的语境》等都为后世翻译理论的发展提供了坚实的基础。

翻译学语言学派也叫翻译科学派。奈达是"翻译科学说"的首倡者,他首先提出"翻译的科学"的概念。奈达的翻译理论的中心思想是"功能对等",在翻译理论的发展中具有重要影响。"动态对等"的翻译原则也是奈达对翻译理论最大的贡献,这是他从语言学和语言交际学的角度出发得出来的。在社会符号学方面,奈达把语言符号的意义分为三个方面,即"当下"、"分析"和"综合",他发现了语言符号对比的意义和相互依存性。在翻译过程方面,奈达提出了"分析""转换""重组""检验"的四步模式。此外,奈达还创立了翻译研究的交际学派,他基于语言学将信息论应用在翻译研究上,认为交际与翻译在某种概念上是对等的。

奈达对翻译学语言学派的建立有着重要的贡献,但是在一些方面,奈达的理论仍然有一定的局限性,如"功能对等"原则重内容而轻形式,在进行文学著作方面的翻译时,会损害原作的风格和文学性,但这并不能否定奈达对于翻译理论的贡献。

(2) 卡特福德的翻译理论

卡特福德作为20世纪的原创性翻译理论家,在1965年出版了《翻译的语言学理论》,这一著作从现代语言学出发,对翻译的诸多问题做出了探讨,如翻译的定义、翻译的类型、翻译的等值及条件、翻译的意义、转译、翻译转换等。《翻译的语言学理论》对翻译学的发展有着重要的作用,在当时的翻译界有巨大的影响力。卡特福德的翻译理论如下:

①卡特福德把翻译界定为"用一种等值的语言（译语）的文本材料去替换另一种语言（源语）的文本材料"，他认为"对等"是翻译学研究的关键和核心。

②卡特福德认为翻译的基础和本质首先是确立语言之间的等值关系，并且对等值进行了深入研究。

③卡特福德创造了翻译学中"转换"这一术语，并把"转换"分为"范畴转换"和"层次转换"两种。

④卡特福德提出了培训翻译人员的方法，他认为需要从三个方面培养翻译人员，即对不同语言特征进行辨别；对原文和译文进行系统比较；观察两种语言的限制因素等。

卡特福德的翻译理论的一大贡献是对翻译的等值的研究和分析，系统地阐释了语言转换的规律，同时也摆脱了旧式的翻译研究方法。

(3) 雅各布逊的翻译理论

雅各布逊是美国著名的语言学家和翻译理论家，在1959的《论翻译的语言学问题》中，雅各布逊首次在翻译学中引进了语言学和符号学。另外，他还基于语言学对语言和翻译的关系等翻译问题在文中进行了详细的研究。《论翻译的语言学问题》这一论文为翻译语言学的理论方法提供了重要的思想指导。雅各布逊在《论翻译的语言学问题》中将翻译的本质描述出来，他首次将翻译分为语内翻译、语际翻译和符际翻译三类。除此之外，雅各布逊还认为翻译时对语言的认识和比较、语言翻译的表达等是首先要考虑的。

雅各布逊是西方多学科的跨领域研究者，他在西方语言学的交流中发挥了巨大的影响力。雅各布逊的语言功能理论提供了新的语境模式，讨论了翻译中的根本问题，是20世纪翻译学语言学派发展的先驱。

(4) 纽马克的翻译理论

英国翻译理论家纽马克深受语言学派奈达和卡特福德的影响。纽马克创造性地将现代语言学和跨文化交际理论的相关理论和成果类推到翻译理论中,形成了独特的翻译理论体系。纽马克关于翻译的著作有《翻译散论》《关于翻译》《翻译教程》等。纽马克的翻译理论如下:

纽马克对于翻译理论最重要的贡献是"交际翻译"和"语义翻译"翻译策略,而后又提出了"关联翻译法"来完善翻译理论。"交际翻译"和"语义翻译"是纽马克翻译理论的精华和核心,"关联翻译法"是对原有理论的补充和说明。"交际翻译"和"语义翻译"翻译策略是纽马克在《翻译问题探索》中提出的,文中详细区分了"交际翻译"和"语义翻译":"交际翻译"追求的是译文与原文文本相似,而"语义翻译"是在目标语言的语句结构的标准下尽量还原原文的语境和要表达的内容。此外,不同的文本类型也是影响翻译策略选择的因素,只有做到以上几点,才能更好地达到效果等值。"关联翻译法"是指原文中的语言越重要,翻译时就越要还原原文。这是纽马克的翻译理论完善的标志。

值得一提的是,纽马克基于雅各布逊的功能模式对文本功能进行了更加系统和完备的划分,他对文本的功能划分如下:信息功能、审美功能、表情功能、呼唤功能、寒暄功能、元语言功能等。另外,纽马克尝试研究和比较翻译时的两种语言来构建文本类型的样板。

2. 功能学派

20世纪的70年代到20世纪80年代,德国的翻译界受到结构主义的影响,翻译越来越僵化,逐渐成为语言学的附属品,翻译理论的发展受到了影响,一些学者因此开始寻找新的发展方向,自此德国产生了功能翻译理论和功能学派。

功能翻译理论指出,只靠语言学理论并不能完全解决翻译中的所有问题,所以就需要应用其他学科的知识对语言学派难以解决的问题进行处理,如行为理论、交际理论和美学等。此外,还要转换研究的视角,从目标文本来研究。功能翻译理论的发展使功能学派成为德国最活跃的翻译学派。功能翻译理论的产生终结了结构主义语言学二十年的统治地位。

功能学派的发展壮大使翻译中原文的权威地位受到了威胁，受功能翻译理论的影响，当时德国的翻译家们摆脱了语言学翻译理论和方法的束缚，逐渐掌握和运用功能翻译理论和方法来进行翻译问题的研究，对翻译理论有着重要的作用。

（1）莱斯的翻译理论

莱斯是德国功能翻译理论的创始人，作为功能学派的先驱，莱斯投身于翻译事业中进行教学工作和研究工作。

在研究翻译理论的前期，莱斯认为应该将翻译策略、语篇类型、语言功能和文章体裁结合起来研究。她主要研究的是翻译的对等，即翻译时不应该追求字、词、句的对等，而要追求语篇层面的对等。在莱斯研究的后期，经过长期的翻译理论的研究和实践，她开始研究翻译的功能，因为她发现在翻译中对等是不可能达到的。自此，莱斯和弗米尔开始提倡功能翻译理论。莱斯在1971年出版的《翻译批评的可能性与限制》是功能翻译理论创立的标志。莱斯在《翻译批评的可能性与限制》中指出了功能翻译理论的基础，她首创性地在翻译批判中引入功能范畴，把翻译策略、语篇类型、语言功能进行关联，形成了新的翻译批判方式，这种翻译批判是基于原文和译文的功能关系进行的。

以卡尔·比勒的语言功能的三分法为依据，莱斯也将语篇分为了三个类型，分别为重内容文本、重形式文本和重感染文本。莱斯将这三种类型分别称为信息文本、表情文本和感染文本。这三种分类也被其他翻译理论家称为信息型、表达性和操作型。莱斯指出，译文的翻译方法是由文本类型决定的，评判译文的重要因素是看译文是否能传达原文的主导功能。语言功能和语言层面相对应，如信息层面对应逻辑功能，表情层面对应审美功能，操作层面对应对话功能。同时，莱斯还认为，接受者的改变会导致语言功能不同，目标语境所要求的功能和目的决定目标文本的形态。

莱斯的翻译方法和功能类型试图再创造适当的功能效果，以达到交际的目的，已经超越词、句的范畴。此外，莱斯对语篇的分类把翻译类型、文本概念、翻译目的结合在一起，从而凸显任意一种翻译类型都是有针对性地为特有的目的而服务的。莱斯的翻译理论是功能翻译理论形成的重要保障。

由于自身的局限性，当时有相当数量的学者质疑莱斯的理论，举几个例子：翻译的策略仅仅凭借语篇类型来决定是否切实可行；是否只有三种语言的功能；不同文本类型之间的界限是不是清晰明了；等等。可以看出，只有在译文与原文的功能相等时，莱斯的功能翻译理论中的分类才有意义。所以可以得出，莱斯的功能对等论只有在特定情况下才能作为标准，不能作为常规标准。

（2）弗米尔的翻译理论

弗米尔是莱斯的学生之一，作为语言学家，他长期从事翻译事业中的教学和研究工作。弗米尔和莱斯当时一同成为翻译研究功能论的倡导者。受到莱斯的影响，弗米尔研究翻译理论并提出了目的论，突破了莱斯的局限性。

弗米尔在美学、实用语言学、话语语言学等学科的影响下，和老师莱斯共同著作了《普通翻译理论原理》，其中提出了"目的论"，"目的论"对翻译理论的研究影响深远，所以人们又把功能学派称为目的学派。长期浸淫在翻译事业中的弗米尔具有十分丰富的翻译经验，他指出翻译不仅仅是语言之间的转换，而且也是非语言的一种行为。弗米尔认为，使用翻译符号是为了达到某一目标，触及不同的跨文化模式。弗米尔的"目的论"坚持连贯原则、目的原则和忠实原则。具体体现以下方面：

首先，连贯原则指的是翻译的译文语句、语篇之内不仅要通顺连贯，而且要有正确的逻辑，用来方便读者阅读并理解，并使其在跨文化交际领域中有相应的意义。

其次，目的原则指的是在翻译理论中引入行为理论，认为翻译的方法和策略是由翻译行为的目的决定的。

最后，忠实原则指的是译文语篇之间要通顺，译文不能与原文的内容相悖。

译文需要忠实原文是指双方存在一定相关的联系，而不是译文与原文必须字字相对，丝毫不差。译文的目的和读者对原文的理解决定了译文的忠实形式和程度。

连贯原则、目的原则和忠实原则中，连贯原则和忠实原则都要遵循目的原则，而连贯原则从属于忠实原则，即目的原则处于三个原则中的最高等级。当目的原则要求语篇间或语篇内不连贯时，连贯原则和忠实原则都会失去效力。目的论是功能翻译理论的基础，是因为目的论的出现标志着翻译理论的研究角度开始逐渐转向功能化和社会、文化方向，而不再只是以语言学和形式翻译理论为主。因此，目的论是功能翻译理论的核心理论。

(3) 曼塔里的翻译理论

曼塔里是翻译理论家，也是莱斯的学生之一。曼塔里对功能翻译理论的研究更加深入，她基于里宾的功能语用学和冯·莱特的行为理论提出了翻译行为论。曼塔里于1984年发表的《翻译行为——理论与方法》详细地阐述了她的翻译理论。曼塔里在书中指出"目的语的文本功能并不是从分析原文文本中自动获得的，而是通过跨文化交际的目的，从语用角度达到目的语文本的功能。"这句话指的是，译文不同于原文的功能，翻译者可以根据需要和语境来改变"功能"，这体现了翻译者的主体性。改变"功能"是经常发生的，不是例外。

曼塔里的理论模式中参与者和环境条件的存在也很重要。参与者有信息发出者、委托人、原文文本生成者、译者、译文使用者和信息接受者，环境条件有时间、地点和媒介。曼塔里认为，需要翻译的个人或组织是信息发起者，译者的联系人是委托者，原文的作者是原文文本生成者，但是译者不一定是与翻译有关目的语原文的生成者，使用译文的个人或组织是译文的使用者，目的语的受众是信息接受者。可以看出，在曼塔里的理论中，译者的地位十分重要，是任务的执行者和跨文化交际的专家,扮演着十分重要的作用。

(4)诺德的翻译理论

克里斯蒂安·诺德和弗米尔、曼塔里一样,也是莱斯的学生。诺德在翻译理论方面受到莱斯功能类型的影响,并积极推行曼塔里的翻译行为论和弗米尔的目的论。诺德也是功能翻译理论的推广者,他站在辩证地角度也提出了功能学派的不足。另外,诺德也是第一位将功能学派的翻译理论用英语翻译出来的,推动了功能翻译理论的传播。在翻译理论的研究中,诺德研究的是功能主义目的论的哲学基础、翻译类型和译者培训等内容。诺德的翻译理论主要体现在《目的性行为——析功能翻译理论》和《翻译中的文本分析》中,翻译培训的过程、双语能力与译者培训、译者的责任与地位、忠诚原则、决定忠诚原则的因素、译文接受者的研究等方面是诺德主要在意的研究内容。

"功能加忠诚"原则是诺德翻译理论的主要思想,其中"功能"指的是"使译文对译语文化接受者起作用的目的","忠诚"指的是"译者应当把翻译交际行为所有参与方的意图和期望都加以考虑",关注的是翻译的参与者,属于道德层次。诺德的"功能加忠诚"在原则理论上可行,但是在实践中却举步维艰。此外,由于使用语篇分析的策略,诺德囿于对等的局限中。

第三节 翻译对译者的要求

翻译作为跨文化交际的一种,翻译者在其中扮演重要的作用,影响着文化的传播和表达,对文化之间的交流产生巨大的作用。所以,只有专业素质达到一定水平,翻译者才能更好地进行翻译工作。

一、职业道德

(一)实事求是

从根本上说,翻译的本质是跨文化交际活动。不同国家之间的文化一般不同,相同的文字在不同国家展示的信息也不尽相同,这就需要翻译者充当原文和译文读者之间的桥梁。所以,译者在翻译时必须要秉承求实和公正的原则,要站在公正的立场上进行翻译工作。

从生态翻译学角度出发,保护原文与译文之间的生态是翻译的终极目标。翻译者要做的工作是忽略时间与空间的影响,在了解双方文化的基础上与原作的作者进行思想交流,并将其要表达的思想转换为读者可以理解和接受的内容,向读者尽可能完整地传递原文的信息,这就需要翻译者维持原作与译文读者之间的平衡,在源语和目的语之间的文化、语言和交际等方面达到一个系统上的生态循环,这样可以使原著、译者和译文读者和谐相处,使原作和译文长存于世。

(二)精雕细琢

在翻译过程中,主观上的错误和客观上的缺陷会导致译文质量较差。假如只是客观上的译者的翻译水平低下的原因,可以通过提升译者的翻译能力来提升翻译水平的质量。假如译者"心"和"力"都没用上力,这就是主观态度和客观能力上都出现问题了。所以需要翻译者具备精雕细琢的工匠精神来进行翻译工作。举个例子:

领导干部要讲政治。

Cadres should talk about polities.

在这个例子中,"讲"所蕴含的内容是"学习"和"探讨"等内容,但是 talk about 仅仅有"说"和"讨论"的意思,这就导致在翻译过程中出现译文与原文不符的现象,从而使外国人在阅读时会认为我国的领导喜欢在口头上说政治,没有实际作为。这样会使我国在国际上的形象受损,不利于国家之间的友好交流和合作。所以,翻译者可以进一步探究"讲"的翻译,举几个例子:

译文1:Cadres must emphasize politics.

译文2:Cadres must give prominence to politics.

译文3:Cadres should attach the utmost importance to politics.

观察以上三种翻译的方法可以发现,这几种翻译的方法虽比第一种更容易使人接受，但是距汉语要表达的意思还少一些东西，就是"政治"这一词的翻译，这里的"政治"是领导要具有敏锐的政治头脑，而不是在口头上说政治或者上层建筑方面的政治，所以可以将原文翻译如下：

译文 1：Cadres should be politically aware.

译文 2：Cadres should be politically minded.

译文 3：Cadres should be political conscious.

与前几种相比，这三种翻译的方法虽然在形式上与原文看似不对应，但是这几种翻译更贴近原文真正要表达的内容。可以看出在翻译原文时需要译者从多方面角度考虑，在翻译工作的各个环节中多下功夫，不断地更新自己的译文，从而产生更好的翻译作品。这里再举一个例子：

请勿疲劳驾驶。

译文 1：Don't drive tiredly.

译文 2：Drive alert, arrive alive.

译文 3：Drowsy driving is dangerous.

在这三种翻译的方法中，第一种虽然读起来连贯通顺，但是并没有完全表达原文的内容和意义。而其余两种符合遵守交通法规背景下的翻译，这两种按照交通术语的翻译更能表达原文的内容和意义。

现如今，社会经济飞速发展，信息化速度加快，伴随着的是知识的更新换代加快，随着词语的推陈出新，翻译中可选用的词语也在不断变化。可以看出，翻译并不是一劳永逸的活动，不同时代的翻译要求是不同的，这就需要译者积累多方面的词语和知识，运用可动用的资源进行多方查证，这样，才能创作出更加合理、完善的译文，从而促进文化之间的交流。

二、语用能力

我们把将语言知识得体地运用到交际中的能力称为语用能力。作为跨文化交际行为，翻译活动需要译者结合语境和语篇进行再创造。英语与汉语之间以及双方文化之间都有很大的差异，主要体现在修辞、词汇、句子和语篇等方面。在英汉文化对比中，双方主要差异的承载体就是词汇。相同的词汇在不同的英文语境中，意义不同。因此，译者在翻译时需要在不同的语境中考虑词汇的用法，基于此，译者在进行翻译时，需要结合译文读者的需要和预期进行翻译。

例1：原文：孔雀（象征着吉祥、美好）

译文：Peacock（带有炫耀、骄傲的意义）

例2：原文：芳芳爽身粉

译文：Fangfang Powder

例3：原文：五羊摩托车

译文：Five Rams Motorcycle

观察上述三个例子，例1中汉语的"孔雀"有吉祥、美好之意，而英文的"孔雀"有"炫耀、骄傲"之意，这是翻译上的不对等。例2中汉语的"芳芳爽身粉"中"芳"在翻译为英文时为"fang"，由于"fang"与"fung"的读音相似，那么国外的读者就可能将"fang"与"fung"联系起来，但是"fung"在英文中一般指的是"冯""封"等姓氏，这样会造成译文与原文之间在风格和信息上出现差异。例3中之所以称为"五羊摩托车"，因为该摩托车产自广州，而广州又有"五羊市"的别称。国外读者并不了解这样的背景，所以翻译的英文会造成读者出现困惑。通过观察这三个例子可以发现，在某些情况下，有些词语即使字面意义相同，但是两者是不能互译的。

译者在翻译时要选择合适的翻译方法和手段。翻译的目的是使译文在目标文化的环境中传播，使译文读者有较好的认知。不同翻译材料的目的不同，译者需要根据原文体裁的不同来进行翻译工作，而且要参考特定的语境来对原文进行增删或改编。

三、翻译能力

(一) 适应能力

翻译活动需要译者具有较强的适应能力。

1. 对语言因素的适应

文化之间的不同必定会导致翻译之间有诸多困难，语言的不同是翻译工作的难题。由语言推敲意义、由意义选择语言的过程就是跨文化交际。基于此，译者需要对语言因素进行适应。译者需要适应语言的多重意义，分别为形式意义、文化社会意义、言外意义、联想意义等。

(1) 形式意义

有学者认为，形式意义包括语音、词汇、句法及修辞等，是语言形式所承载的意义，而另有学者认为，在进行翻译工作时需要考虑语言形式，这说明语言形式具有独特的意义，否则会导致原文的语言风格损害或消失。语言具有的结构和特有的规则是语言的独特性所在，在某些情况下，进行翻译工作时，为了达到表现原文作者意图的目的需要进行结构的调整，而这种情况是经常出现的，这意味着对等翻译中，形式对等是不容易做到的。英汉之间文化的不同和语言形式、结构的不同导致在翻译时必须对原文的语序、结构进行调整。举个例子：

中国政府将发展同非洲国家"平等相待、真诚友好、团结合作、共同发展"的兄弟关系。

The Chinese Government will develop its fraternal relations with African countries of treating each other as equals, sincerity and friendship, unity and cooperation, and common development.

在这句英文中，原文的四字短语"平等相待、真诚友好、团结合作、共同发展"译者翻译时按照其格式进行，导致原文的内容与思想没有传达完全，使译文不同于原文的意义，而且译文的流畅度和层次感也不够。

(2) 文化社会意义

文化的范畴很广,语言是重要的组成部分,在翻译时不能只局限于语言的范畴,要综合考虑文化社会的影响。在全球化的现在,各类文化要和谐相处,共同发展。译者在翻译过程中,需要适应源语的文化语境,只有做到这样,才能更好地将原文翻译为译文。除此之外,译者在翻译时需要考虑译文读者的接受水平来进行翻译。

(3) 言外意义

在翻译时,译者不仅需要对原文进行字面上的翻译,还需要对原著作者的言外之意进行翻译,将其为读者表现出来,只有这样,译文才能真正地表达原文作者的思想,使译文读者获得真正的阅读体验。只有做到言外之意的翻译,才能实现译文和原文表达内容相同。因此,译者需要适应译文和原文双方的言外之意,才能更好地实现跨文化交际。

(4) 联想意义

语言符号给人们的暗示意义就是联想主义。不同的事物在不同的语境、不同的文化中,其联想意义可能大不相同。举个例子,在英文中的"狗"代表的是"忠诚",而在汉语中的"狗"有时候会带有"下贱"的意思。

2. 对非语言因素的适应

除了对语言因素进行适应,对非语言因素的适应也是译者做好翻译工作的要求之一,非语言因素的适应主要是认知语境、翻译目的、目标语文化占统治地位的意识形态等方面。

(1) 认知语境

认知语境是非语言因素适应的重要影响因素之一。认知语境在20世纪80年代开始逐渐流行。背景知识、语言使用的情景知识、语言上下文知识是认知语境所包含的内容。从认知的角度出发,翻译是一个异常复杂的活动与行为。从交际角度出发,翻译是在一定认知环境中原文作者、译者和译文读者之间的交际行为,翻译这种跨文化交际行为能否成功的关键是译者是否了解译文读者与原著作者在认知环境上的相似程度。译者只有在认知语境中了解原文作者的思想和意图,才能将原文准确地翻译出来。

(2) 翻译目的

结构主义语言学发展到20世纪80年代时阻碍了翻译的发展,功能学翻译理论逐渐流行开来,并终结了结构语言学的统治地位。结构语言学发展到后期时,实践与理论已经严重脱节,功能学派则改变了这一点。功能学翻译理论推翻了原文的全文地位,将研究翻译的立场变为目标文本,并把行为理论、交际理论、美学和信息论等学科纳入翻译的领域之中,影响了欧洲翻译界。功能学派的代表人物莱斯和她的学生弗米尔、曼塔里、诺德运用功能和交际方法对翻译理论进行研究。

莱斯认为翻译的对等是不可能实现的,她把翻译目的、翻译方法和文本类型相联系并结合,分为信息文本、表情文本和感染文本,但是这种划分有相当的局限性。弗米尔在莱斯的指导下研究翻译理论,但是他认识到老师理论的局限性,所以他创设了目的论,提出了连贯原则、忠实原则和目的原则,并以目的原则为最高要求。诺德则提出"忠诚加功能"原则研究翻译理论。

莱斯与她的学生们的翻译理论指出,翻译是一种有目的的交际行为,需要考虑读者和客户的要求。功能学派又称为目的论派,目的论要求的是译者在工作时,实现译文相应的交际功能,并不关注译文与原文之间的对等。只有遵循一定的翻译目的,译者才能更好地选择相应的翻译策略,从而进行翻译工作。功能学派认为,翻译在不同的阶段有着不同的目的,而且翻译的目的和功能指导翻译的实践。基于翻译目的,翻译的实践和理论才能有所关联。

(3) 目标语文化占统治地位的意识形态

近年来兴起的新趋势是从意识形态出发研究翻译,这是研究翻译理论的新的发展。意识形态指导着人们的行为并决定着人们看待问题的角度。在翻译界，意识形态蕴含着世界的运转规律，指的是个人、组织或文化支持的独特的价值观。翻译与意识形态之间相互制约，意识形态产生于翻译行为中，而且制约着翻译的产生，因为翻译不是在单独、无任何因素影响下形成的，而是译者在特有的文化语境中进行的行为。

近年来译者的主体性逐渐成为学界讨论的热点，译者的主体性指的是译者脱离自己身上的权利话语的束缚，依照自身的内心进行再创造和再加工，这也是译者超越意识形态的表现。只有适应了目标语文化占据主要地位的意识形态，译者才能够翻译出读者接受并认可的译文。在翻译中，假如原文中出现与目的语文化的意识形态相悖的观念，译者需要按照目的语意识形态来进行加工，使译文易被读者接受。一般来说，如果目的语文化相对于源语文化处于强势的一方，那么译者需要按照目的语文化的意识形态进行翻译，因为强势文化的读者不愿接受外来文化，这样做有利于克服意识形态障碍。

(二) 选择能力

1. 翻译文体的选择

译文与原文之间的对等还应该包括文学体裁上的对等；译文的文体是译者需要根据原文的语言形式和特点，再结合目的语文体的形式进行的两种语言的结合，是一种译者独创的语言形式。因此可以看出，译文的文体是译者必须要考虑到的。举个例子，如果某一文学著作是用声音来传播的，那么译者翻译的译文必须适合听，做到语言简洁，内容突出。译者在选择翻译的文体时，需要考虑不同的传播渠道。

2. 翻译方法的选择

译者在跨文化交际中具有重要的作用，作为源语文化和目的语文化的"桥梁"，译者需要在将国内优秀文化传到全世界的同时，引进国外先进文化。文化之间的交流频率增加有利于丰富世界文化，保持文化的多样性，促进世界各国之间和谐交流和发展，这就需要译者秉持包容谦逊的态度进行翻译工作。

一般来说，翻译的方法可以分为直译法和意译法，直译就是按照字词以原文的形式向作者靠拢，意译就是将原文的内容按照目的语的语境向译文读者靠拢。在将我国的著作翻译为其他语言的译文时，推荐采用直译法、意译法、音译法、替译法、直译加注法等方法，这样可以保留中国传统文化的特色以宣传我国的传统文化。

(三) 综合意识

1. 角色意识

译者需要具备角色意识，意味着译者在翻译中需要扮演多个角色，如中介者、颠覆者、揭露者和掩盖者、重置者与替换者。

译者是源语文化和目的语文化的中介者，是因为译者熟知双方文化的语言，作为"桥梁"沟通原文和译文读者。译者在翻译活动中要将原文的内容传达给译文读者，在允许的范围内将作者的意图和原文的内容进行再创造，使读者了解原文。

颠覆者是译者的第二个角色，翻译是利用目的语语言表达原文的活动，两者文化和语言结构等的不同，必然会导致在翻译的过程中有些略微不同，这是不可避免的。

揭露者和掩盖者是译者的第三个角色。作为揭露者，译者在进行翻译时可能会有意料之外的效果，这是原文的潜能。作为掩盖者，译者在翻译时会出现原文要表达的内容和思想扭曲的情况，这就需要译者掩盖和处理。

重置者与替换者是译者的第四个角色。作为重置者，译者需要用目的语语言将原文的内容再现，作为替换者，译者需要将源语的原著转化为目的语的译文，译语读者只能通过阅读译文来了解原文和作者的思想。

2. 全球意识

在全球化的今天，精神文明在当下尤为被关注。译者作为文化传播的中介者，应该具备全球意识。全球化不仅进是经济的全球化，更是文化的全球化,如果仅仅关注经济全球化,那么就会导致文化不能及时发展。西方文化的流弊需要我们通过学习他国文化来调整,这就是为什么西方诸多文化学者开始研究和学习中国文化。在全球化的背景下,不同民族、不同国家之间文化的交流是一种必然。历史上无数的经验告诉我们,民族和国家想要发展,必然不能故步自封,只有通过文化之间的交流,才能实现文化的繁荣和发展,而跨文化交际中,翻译是一种重要的行为活动。

3. 主体意识

传统的翻译观念中,认为译者只是一个"翻译机器",只需要实现原文在两种语言的转化,为原作和读者服务,译者的存在并不重要。经过古今中外诸多翻译理论家的研究,人们发现译者并不只是单纯的"翻译机器",而是翻译中的主体,理由如下:

一是在翻译过程中,译者需要发挥主观能动性。

二是译者不仅仅是原文和译文之间的桥梁,也是原著作者和译语读者之间的桥梁,译者需要发挥自身中介者的作用连接双方文化,所以译者是翻译中的主体。

三是译者的主体性也是后现代主义和解构主义学派所支持和宣扬的。

译者的主体性得到了国内外诸多学者的支持。国内有学者认为,原文的作者和译文的读者都没有参与到翻译的活动中,不能成为翻译的主体,而在翻译过程中,只有译者进行了翻译活动,才是翻译的主体。法国的安托瓦纳·贝尔曼是著名的翻译家和翻译理论家,他指出,由于译者是翻译行为中最积极的因素,他们具有翻译目的、翻译动机和翻译策略,所以译者具有主体性。译者进行创造性的翻译和对原文的再加工需要译者主体性的自我认知,这样才能翻译出优秀的译文。与此同时,译者还需要控制自身的主体意识,需要在一定的限制下进行原文的再创作,不能随心所欲地对原文进行编造。建立有序的翻译生态需要译者发挥主体性的同时,与作者和译文读者建立合理的对话式互动关系。

4. 读者意识

在我国历史上的东晋时期，读者意识就已经被我国的翻译理论家所重视。慧远是东晋时期的高僧，他以"以文应质则疑者众，以质应文则悦者寡"来解释如何选择佛经翻译的文本，慧远认为，假如在翻译佛经时，将质朴的原文翻译为华丽的辞藻，那么质疑译文的读者就会变多，假如将华丽的原文翻译成质朴的译文，那么会有许多读者不喜欢翻译来的佛经。对于慧远的理论正确性与否暂时不提，但他考虑到了译文读者的感受。

清朝时期的马建忠认为"善译"是翻译的标准，他提出了"使阅者所得之益与观原文无异"，即译文质量的好坏可以通过译文读者的反应来判断。

后来我国学者更加细致地划分了读者意识，即读者是谁、读者有何需求以及如何满足读者需求。

国外的学者认为读者意识是十分重要的，译者不同于原文作者在自己的兴趣推动下进行创作，他们清楚地了解到译文是给读者阅读的。

从接受美学的角度出发，文本是一个多维度的开放式结构，意味着不同的人可以对文本有不同的解释，正所谓一千个人眼中有一千个哈姆雷特，而且，即使同一个人在不同的环境、不同的时间下也有不同的解释。所以可以得出，在翻译过程中，译者可以通过自己的知识水平和技能方法将固定不变的原文翻译为读者可接受的内容，因为译文读者不是一成不变的，是在变化的。读者可以根据自身的知识来阅读译作，对未定性的内容具象化，实现译作的意义。

译者在进行翻译工作时，需要将读者意识放在首位，因为译作就是为译文读者所服务的。选择翻译的手段和策略时，需要考虑到读者的心理需求，译文需要根据读者心理需求的不同而变换。

所以，译者只有满足了译文读者的心理需求，才能实现翻译的目的。译作传播的重要影响因素是译文读者的心理需求和译者的读者意识。译文读者的心理需求越强烈，译文读者的阅读动机就越强，译文的传播就越好；译文读者的心理需求越弱，译文读者的阅读动机就越弱，不利于译文的传播。此外，如果译者翻译的译文能够引起读者的共鸣，使其阅读的动机指向性变强，那么可以说明译作的质量较好；如果译者翻译的作品无法引起读者的共鸣，那么就说明翻译工作进行得不是很好。译者翻译的作品是为了使译文读者更好地阅读，而且读者具有心理需求和丰富的感情，所以译者需要在翻译中以满足读者的需求为目的，这就需要译者具有读者意识。

5. 多元文化意识

"多元性"和"文化"组成"多元性文化"，"多元性"的解读与"文化"息息相关。

(1) "多元性"概念溯源

生物的多样性是文化多元性的源头。生物的多样性分为三个层面：一是遗传（基因）的多样性；二是物种的多样性；三是生态系统的多样性。文化的多元性与生物多样性类似，说明了人们已经意识到需要尊重多方面的文化和历史。在不同地区、不同时间、不同背景下会孕育出不同的文化，文化间的交流有利于文化的传承发展，可以看出文化多元性的重要性。

(2) "多元性"的对立面

与生物多样性相对应的是生物的特化，特化是由一般到特指的进化过程，是生态环境中的重要现象。生物的特化对生物来说有利有弊：一方面，可以使生物适应某一种环境，从而更好地存活；另一方面，如果生物特化之后生存的环境发生改变，那么该类生物可能会灭绝，因为由于特化，其适应其他环境的能力下降。类比到文化之中，可以发现，文化中的单一性就是特化现象，文化的单一性与文化的多样性相对应。文化的单一性在当今表现为以美国文化为主的西方文化在向世界其他文化扩散，使全球不同的文化开始趋向一致，使世界文化的多元性受到破坏，影响其他国家文化的发展和创新，甚至影响到社会的秩序。目前尚不确定文化单一性是否会在全球泛滥，但是可以确定的是，文化的相似性会大大增加。因此，文化的单一性是当今社会急需解决的问题，否则会导致文化多元性的消失。与生物的特化相似，文化的特化程度如果变得很高，会导致文化像生物一样灭绝。所以，维持文化的多元性是十分必要的。

（3）文化多元性的价值

生物的多样性包括基因、物种和生态系统的多样性，文化的多元性则包括个体、社群、地域、阶级、民族、国家。文化之间应该和谐相处，是平等的，世界上许多文化共存就是文化多元性的体现。维持文化的多元性需要各个文化之间维持自身的价值与吸引力，认同不同文化的存在，这样才能维护社会、国家乃至世界的稳定。其中，认同其他文化的存在和价值是维护社会安定和达成国际理解的必然要求。每一种文化都是世界文化的宝贵财富，都对人类的发展具有重要作用，各种文化都具有规定性，也依赖于整体的福祉。

人类文化的传承和发展的条件之一是文化的多元性，文化多元性也有利于不同文化之间共存。不同的文化具有不同的生活方式，这些生活方式可能是根据环境演化来的，可能是祖祖辈辈传承下来的，也可能是由实践中得出来的，但无论来自哪种生活方式，都具有自身的特色，这就是文化多元性的体现。世界上共存的不同文化为人类的发展提供了强大的动力，是世界的共同财富。所以，不同文化之间需要和谐交流，共同发展。文化多元性的维持和发展在现在和以后都颇有益处，不同文化之间都要坚持文化的多元性，这是为了人类的共同发展和共同利益，这样才能为人类发展提供新的契机。所以，如果一些实力较强的国家愿意放弃自身文化的支配地位，让世界上多种多样的文化共同繁荣，就会使自身乃至全世界都能更好地发展，这样做有着十分重要的意义。

（4）多元文化主义的具体内涵

多元文化主义是在第二次世界大战之后产生的，当时西方社会中少数族群和群众呼吁权利和平等，于是多元文化主义作为一种思潮就出现了。因此，多元文化主义的最终目的是政治平等，本质上是一种政治价值观。

多元文化主义的核心观念是倡导对族群文化的包容、族群间差异的平等以及少数族群的权利。多元文化主义逐渐被知识界和传媒界认同是在美国的民权运动之后,多元文化主义对文化模式的阐释和美国社会架构有着引导作用,对族群权利受到的态度有着深远的影响。

属于一种价值观的同时,多元文化主义还是一种公共政策。在客观的基础上,多元文化主义禁止任何方面的歧视,倡导不同群体之间和谐相处和文化多元性的存在。此外,由于多元文化主义,少数族群有了更多参与公共事务的机会,并且受到文化多元性政策的照顾。多元文化主义倡导各文化之间都是平等的,政府和国家应该承认族群的身份来增加文化多元性和认同感,任何组织不能疏远其他族群。多元文化倡导少数族群的人们将认同感由族群转移到社会、国家,以此来维持社会的和谐发展。

以美国为例,美国社会自20世纪60年代后,出现了许多倡导多元文化主义的学者,后来多元文化主义也进入了课堂,传播得越来越广泛,少数族群的认同感逐渐增加。多元文化主义使社会上的弱势群体的人生发生了改变,使当时美国主流文化的话语霸权和等级秩序受到了冲击,促进了美国各个族群在经济、政治等各个方面的平等发展。

第四节　文化与翻译的关系

一、语言文化因素及其对翻译的影响

(一) 语言文化因素

1. 词汇文化因素

在英汉语言中,词汇就好比是其组成细胞,各种各样的词汇组成了具有不同意义的英汉两种语言。各种各样的词汇体现着丰富性,也间接导致了英汉词汇在某些层面的差异性。

(1) 完全对应

完全对应是指在英汉两种语言中，英语词汇和汉语词汇的词义是完全对应的。通常这类词汇为名词、术语、特定译名等。

(2) 部分对应

部分对应是指在英汉两种语言中，英语词汇和汉语词汇的词义是部分对应的。也就是说英语词汇的词义和汉语词汇的词义不同等，可能存在英语词汇的词义较为广泛，而汉语词汇的词义却较狭窄的情况；或者汉语词汇的词义较为广泛，而英语词汇的词义却较狭窄。例如：sister（姐姐；妹妹）、gun（枪；炮）。

(3) 无对应

无对应是指在英汉两种语言中，英语词汇在汉语词汇中找不到对应词，汉语词汇在英语词汇中找不到对应词，彼此在双方之间存在着无法对应上的情况，这种情况也被称为"词汇空缺"。例如：chocolate（巧克力）、气功（Qigong）。

(4) 貌合神离对应

貌合神离对应是指在英汉两种语言中，英语词汇和汉语词汇从表面上来看，彼此是相互对应的。但仔细研究就会发现，英语词汇和汉语词汇并不对应，彼此就像是一对"假朋友"。例如：mountain lion 是指"美洲豹"，而不是"山狮"；talk horse 是"吹牛"，而不是"谈马"。另外，酒店是"hotel"，而不是"wine shop"；白酒是"spirits"而不是"white wine"。

(5) 词汇的搭配

词汇的搭配遵循着一定的规律与关系，其主要研究词汇与词汇之间的横向组合关系，也就是所说的"同现关系"。通常来说，词汇的搭配是约定俗成的，但是英语词汇和汉语词汇搭配的规律却有着很大的差异，需要时刻注意不能混用。

除此之外，在英语词汇和汉语词汇中，都存有一些具有强大搭配能力的词汇。例如：英语中的 to do 可以构成很多词语，如 to do the bed

（铺床）、to do the window（擦窗户）、to do the dishes（洗碗碟）。

通过上述 to do 与床、窗户、碗碟的搭配而得到新的词语，体现了 to do 的搭配范围较为广泛，反过来看汉语词汇的搭配中，用了多种动词，如"铺""擦""洗"。再如，汉语词汇中表示"看"的词汇，在英语词汇搭配中却涉及很多词汇。看电影对应为 see a film、看电视对应为 watch TV、看地图对应为 study a map。

2. 句法文化因素

（1）语言形态

基于语言形态学视角，语言可以分为综合型语言和分析型语言两种。这两种之间有着不同的特征，综合型语言的语序不死板，具有强大的灵活性；分析型语言的语序则相对较为固定。

从整体上来说，汉语中的主要成分为分析型成分，所以汉语的语序相对来说不会过于灵活，而是相对固定。相对于英语来说，英语句子中的成分既包括分析型语言也包括综合型语言，所以不能单纯地认为英语为综合型语言或是分析型语言，只能说是以综合型语言为主，逐渐向分析型语言发展。所以按照目前的情况来说，英语是综合型与分析型语言相结合的一种语言。汉语中语序通常为主谓语序，即主语在谓语前面，这一语序是固定的，不会发生变化。这也说明中国人在表达上很少使用倒装句。相反地，英语句子中会出现许多倒装句，特别是英语商务文本，出现倒装句的频率是最高的。综上所述，英汉两种语言在语序上存在明显差异，主要表现为动词位移的差异。

首先，以陈述句与疑问句的转换为例。在英语中，陈述句与疑问句的转换只需要移动动词位置即可。但是在汉语中正好相反，动词位置不移动也可以完成陈述句与疑问句的转换。例如：

英语陈述句：She is Lily's mother. 转换疑问句为：Is she Lily's mother? 可以明显看到，英语句子中的 be 动词位置发生了移动。

汉语陈述句：她是莉莉的妈妈。转换疑问句为：她是莉莉的妈妈吗？在汉语句子中，动词位置并没有移动。

其次，句子中动词位置的移动是为了实现某些语义需要。在英语中，存在一种话题性前置现象，例如表达否定意思的状语前置，主语会位于助动词的后面，形成主谓倒装句式。但汉语中没有这种前置现象。例如：

Rarely have I heard such a rude word from Tom. 我很少从汤姆那里听到如此粗鲁的话。

最后，句子中动词位置的移动还可能是为了突出语势或者使句子的描写更加生动形象，以满足修饰句子的需要，所以这种现象在英语中被人们称为"修辞性倒装"，也叫"完全倒装"。这种倒装句式中，谓语动词在主语的前面，用来抒发强烈的情感。例如：

In came the Mayor and the speech began. 市长走了进来，然后开始讲话。

（2）扩展机制

人们思维的改变会引起句子基本结构的改变，人们思维的延伸会促使句子呈现出线性延伸。思维的改变与延伸对句子产生的影响，被人们称为扩展机制或是扩展延伸。从线性延伸这一层面入手，会发现英语句子和汉语句子有着不同的延伸方式。汉语句子的延伸特点为：句子开端具有开放性，句子末尾具有收缩性。

线性扩展延伸机制分为顺线性和逆线性两种扩展延伸机制。虽然汉语和英语都属于线性扩展延伸机制，但具体细分来说，汉语为逆线性扩展延伸机制，英语则属于顺线性扩展延伸机制。顺线性扩展延伸机制是指扩展顺序从左到右，也叫作 LR 扩展机制，其中 L 指英文单词 left，R 指英文单词 right。逆线性扩展延伸机制的扩展顺序为从右向左，也就是 RL 扩展机制。所以在英语句子的延伸中，其句子末尾具有开放性。

（3）语态因素

首先，汉语句子使用的语态多为主动语态，通常与中国人处事的方式有关。中国人在做事方面通常都是重人不重事,较为注重动作执行者在事情中发挥的作用。在运用汉语语言的过程中,中国人使用主动语态表达需求,明确阐述动作执行者的意思。此外,中国人并非完全不使用被动语态,一旦使用被动语态,说明需要表达一些不希望发生的事情或者发生了一些不好的事情,比如发生事故或者受到损失等。被动语态使用不多的原因主要是受文化差异的影响,用被动语态来陈述某一件事情或者表达需求时,给人一种生硬的感觉。

通过上述内容可以得知,汉语句子与英语句子明显的不同之处是,汉语句子中存在的被动句式少于英语句子,且通常使用主动句式来代替被动句式。可以说这与中国人的主体思维息息相关。自古以来,中国人都认为"事在人为",也就是一个动作或者一件事情不可能主动完成,而是依靠人自身的指导完成相关动作或事情,所以人作为动作执行者对动作或事情的完成起着至关重要的作用。若是动作或事情的完成没有明确的动作执行者,通常就会选用一些泛称词语代替,比如"有人""大家"等。若是泛称词语代替作用不明显,未采用泛称词语代替也是可以的,即采用无人称来表达意思,也就是时常说的"无主句"。例如:下雨了!快走!

其次,英语句子使用的语态多为被动语态。主要是因为西方人注重物质世界存在的自然规律,渴望探究自然现象中蕴含的真理,并勇于追求真理,并不惜为此付出一定的代价。另外,西方人习惯用被动语态来强调客观事物的规律,对其表达出一定的重视,这是与中国人的表达方式完全不同的地方。因此,被动语态考虑到重心应该所处何位。

3. 语篇文化因素

(1) 隐含性与显明性

隐含性是指汉语语篇逻辑关系的隐含性。在汉语语篇当中很少使用明显的衔接词串联上下文,以此来表示文章的逻辑关系,而是依靠上下文内容去推断并梳理语篇的逻辑关系。显明性与隐含性相反,通常体现在英语语篇中，依靠 but，and 等表示连接的词语将语篇的逻辑关系连接起来，因此英语中有着明显的语篇连接标记。汉语归属于意合语言，英语归属于形合语言，这是汉语和英语两者之间本质的不同。根据上述内容，可以知道汉语的连接具有高度的隐含性，侧重意念上的连接；而英语的连接则具有高度的显明性，侧重形式上的连接。

（2）展开性与浓缩性

汉语语篇除了在逻辑关系的连接上有着高度的隐含性，还具有展开性。为了将事情或者逻辑关系陈述清楚，汉语语篇中通常会使用短句的形式一点一点进行论述。英语语篇依然与汉语语篇的展开性相反，除了显明性，还具有高度的浓缩性。表示连接的词语出现在英语语篇中，表明了强烈的连接性，是语言活动的一种形式。英语语篇本身独特的思维方式和语言特点，决定了人们在进行表达时，习惯使用多种方法将较多的信息表达出来，体现了英语表达方式的高度浓缩性。可想而知，如果将英语语篇按照汉语语篇的方式进行表达，必定显得生硬且不合理。

（3）迂回性表述与直线性表述

另外，汉语语篇与英语语篇逻辑关系的差异还体现在表达的直线性和迂回性上。汉语语篇侧重"分—总"的形式进行描述，在表达观点之前，先围绕观点进行铺垫，将与观点相关的信息展开描述，一步一步，直到最后进行观点陈述。英语语篇则正好相反，在语篇的一开始，就开门见山地陈述观点，然后再围绕观点挖掘背后的相关信息，进行陈述论证。

（二）语言文化因素对翻译的影响

汉语和英语之间语言文化因素的巨大差异，直接影响翻译活动，并且具有明显的影响。翻译活动形式较多，有词汇方面的翻译、句法方面的翻译以及语篇方面的翻译，不管是哪方面的翻译，译者在进行翻译活动前，首先要做的就是了解需要翻译内容蕴含的意义，避免翻译结果产生失误，造成错误的翻译结果。

二、物质文化因素及其对翻译的影响

(一) 物质文化因素

人们日常生活中的饮食、日用品、服饰、生产工具以及设施等,只要涉及衣、食、住、行、用有关的方方面面,统称为物质文化。

英汉两个民族除了上述提到的语言文化之间的差异,物质文化也存在着较大差异,下面以饮食文化方面存在的差异体现英汉物质文化的差异。

首先,中西方在饮食对象方面,存在着明显的差异。饮食对象通常与人们的生存环境息息相关。中国幅员辽阔,气候多样,丰沃的土壤使得中国人以种植业为主,畜牧业主要集中在高原地区,从某一方面来说,中国人的饮食以素食为主,少量肉类为辅。近年来,随着中国的社会的发展以及经济的进步,中国人的饮食已经不再满足于素食为主、肉食为辅的形式,而是发现更多可食用的食物种类,配合多样的烹饪方式,让中国人的餐桌上异彩纷呈,让中国人不再局限于"吃饱",而是追求"吃好""吃得开心"。另外,中国多样的烹饪方式也在促使着人们对美食的创新与追求,将中国美食文化带到全世界各地。

西方国家的种植业较少,主要以畜牧业为主,所以西方人的饮食以肉食和奶制品为主,配以少量的谷物。因为大量摄入肉类,所以高热量、高脂肪的事物是典型的西方国家饮食。西方人讲究食物的原汁原味,认为食物本身蕴含着天然的营养,所以西方人的食材虽然有着丰富的营养,但食材种类较少且食物烹饪方式较为单一,制作出来的食物也很简单。西方人通常对食物的烹饪方式很少进行研究,在他们看来,食物只是解决饥饿感,为了生存下去而已。

其次,中西方在饮食习惯方面,也存在着明显的差异。在中国,无论是何种意义的宴席,餐桌以圆形为主,正方形和长方形较少。各种各样的食物都放置在桌子中间,例如凉菜、热菜、主食、甜点等,围成一个圆圈。人们通常会依据身份、年龄或地位等因素选择位置入座或是进行分配座位，这与中国人尊老爱幼、谦虚的美好品质有关，例如长者通常先入座，且入座位置通常为主位。宴席开始之后，用餐的人会通过互相敬酒或是夹菜表达、交流感情，用餐氛围通常是安静的、平和的。

西方人很少按照固定模式聚集在一张桌子上用餐，大家用餐互不干涉，即分食制。即使是温馨的聚会，西方人也通常是自助餐的形式，将食物依次摆放开来，人们随意走动，选择自己想要的食物。在来回走动中，一边选择自己想要的食物，一边也可以与人交流对话，表达情感。因此，西方人的宴会布置以优雅、温馨为主，营造舒适的氛围。

（二）物质文化因素对翻译的影响

由于中西方饮食文化巨大的差异，再加上中国人追求浪漫的感觉，通常一道菜品的名字就兼具形与意。因此在向西方人介绍中国菜肴时，既要使宾客对菜肴的外形一清二楚，又要让宾客理解菜肴蕴含的意义。这就要求译者掌握菜肴名称背后的含义，且具备较强的翻译技巧。

以中国菜肴"翡翠菜心"为例，这道菜的主要食材是蔬菜——上海青，因外形与颜色同翡翠相似，以此命名。因为翡翠是不能食用的，只是用来借此增加菜肴名称的美感，所以翻译时"翡翠"一词不翻译。中国人在命名菜肴时经常会借用一些不可食用的物品，所以在进行菜肴翻译时需要格外注意。

另外，中国悠久的饮食文化，各种各样的食材以及丰富的烹饪方法，造就出许多菜肴有着天下无双的名字。译者在翻译这类菜肴时，名称需要进行迁移处理，结合译入语的表达习惯与当地特色，选择音译的方式来翻译菜肴名称，达到形与意兼具的目的。

总而言之，英汉民族巨大的物质文化差异，会使译者在进行翻译活动时遇到较大的阻碍。为了达到翻译结果的准确并且翻译时游刃有余的目的，译者要在日常生活中多多学习不同的文化知识，了解历史意义，只要有了丰富的知识储备量，就不会惧怕翻译活动中遇到的困难了。

三、社会文化因素及其对翻译的影响

(一) 社会文化因素

1. 思维观念方面

(1) 中国形象思维与西方抽象思维

中国人在认识新事物的时候,习惯联系已知的外部世界的客观事物增加对新事物的理解,这就是中国人的形象思维。中国人的形象思维与中国人使用的语言——汉语密切相关。根据汉字的演变历史,可以得知,现在中国人使用的汉字是由古代的象形字转变为形声字。中国人也称汉字为"方块字",这是因为汉字本身方正立体,人们容易与外部世界的事物形象联系起来。至今有些汉字依然存有强烈的意象感,例如"水"字,不仅可以使人们由汉字本身想象到自然界的水,连水流动的形状都能想象到,一些文学作品中对"水"字的运用也蕴含着别样的意境。汉字中不乏这种充满意象的汉字,这些汉字背后蕴含的丰富意象让中国人由此产生无限的遐想,也由此形成极具情理性、顿悟性以及直观性的形象思维。

因为汉字本身方正立体,给人一种立体感,中国人在进行辩证思维的时候,先根据汉字想到具体的事物、事实或是数据等,接着从中总结出相关规律,以便解决问题。换句话说,中国人善于运用归纳法解决问题。

形象思维与逻辑思维不同,形象思维侧重过去和现在,具有反馈性;逻辑思维则注重对未来的思考。一个国家历史越悠久,文化底蕴则越深厚,这个国家的人民对过去的历史有着别样的、深厚的感情,其思考方式、行为习惯、生活习惯等都会受过去历史的影响。中国有着悠久的历史是众所周知的,中国人民创造出来的传统文化是历史上灿烂的瑰宝。回看中国历史发展的长河,中国多次遭遇外敌入侵、掠夺,大好河山被破坏,中国人民生活在水深火热之中,过着衣不遮体、食不果腹的苦难日子，这种日子给中国人民带来了极大的伤害，所以中国人民对那段遭受过苦难的日子是难以忘记的。每一个中国人对祖国母亲都有着深厚的感情，这种感情使得每一个中国人在看到祖国被侵略时挺身而出，抵御外敌，保家卫国，在这一过程中，产生的家国仇恨的心理文化不会随着时间的推移而消亡，而是会像一座警钟，一直警示着后人。

西方人解决问题时擅长使用逻辑思维，逻辑思维是基于逻辑推理和语义联系形成的思维形式。主要是因为西方语言归属于印欧语系，受到印欧语系语言特征的影响。西方语言就像是串起每颗珠子的线一样，连接着上一颗珠子，又串联着下一颗珠子，使得西方人注重事物之间的联系。印欧语系民族对事物表面的逻辑关系有着强烈的感知，来源于西方语言的符号形式和语法形式。

由于抽象的书写符号、语音形式与现实世界脱离，所以印欧语系的民族游走在现实世界之外，进行着更加纯粹的思考。作为独立个体的字母本身没有什么意义，通过将这些无实际意义的字母联系起来，组成具有不同意义的单词，进而再将不同意义的单词进行组合排列，形成短句、长句甚至是篇章。因此西方语言遵循的是"点—线—面"的原则，整体看上去给人一种平面感，进一步加剧了西方人与现实世界的脱离，形成抽象思维。西方人对事物的本质和内在联系进行探索的方法就是借助西方抽象逻辑思维，再加上概念、判断、推理等思维形式的运用。正是西方语言遵循"点—线—面"的原则，所以演绎法就成了西方人在进行逻辑思维时主要采用的逻辑思维方法。西方文章一般都是开门见山，直接叙述，没有铺垫与多余的话语，寻找主题句的时候通常关注每一段的第一句话即可，可以说第一句就是主题句，之后文章的内容都会围绕这一主题句展开论述或论证。

（2）中国螺旋式思维与西方直线形思维

中国汉字独特的立体感，人们会由此浮想联翩，因此汉字本身属于一种意象化语言。使用汉字的过程中，往往会引发人们对当下或是未来的事物的想象。中国人在长期使用汉字的过程中，除了上述提到的形象思维，也会形成螺旋式的思维结构，也就是所说的螺旋式思维，这种思维形式具有间接性与立体感的特点。

首先，螺旋式思维在论述某一观点时，一般都是重复性深化与阐述，达到论证观点的目的。这种重复性的深化与阐述，是为了将观点、概念或问题说明清楚。值得一提的是，这种重复性不是毫无意义的重复，是基于前面的论述内容，进一步论述更深层次的内容，因此呈现出螺旋式上升趋势。就好比中国人思考或应用语言时，会存在重复使用词语的现象，这可能与中国螺旋式思维有着很大的关系。

其次，中国人的思维还具有迂回性或间接性的特点，最明显的表现就是中国人的表达方式通常是依靠某种语言手段来阐述观点。在文章写作方面，中国人也习惯将文章开头部分的文字用间接性的语言来进行描述，文章的每个段落的内容都不会直接地涉及主题，而是隐晦地表达主题。这种迂回性、间接性的思维方式也影响着中国人的社会交往，在与人交往过程中，中国人的态度往往表现出隐忍与内敛。

西方人的语言是利用线形进行连接和排列的文字符号，所以西方人的思维结构是直线型的，具有强烈的直接性。这种特点的思维方式被称为直线型思维。这一思维形式已经融入西方人的日常交际和写作等方面，所以我们在阅读西方的文章时会发现，其主题不用过多分析与思考，就可以直观地看出；在与人交往过程中，表达的语言以及方式都有着直接、外露、开放的特点。从西方著名的哲学家——柏拉图开始，西方人就非常注重雄辩术，喜欢就某一问题发表自我的观点，并且同他人就彼此的观点展开争论，誓要争个你高我低，非黑即白。西方人对雄辩术的注重与运用，使得历史上著名的演说家大多来自西方国家。可以说，西方人天生就喜欢争论。

2. 价值观方面

（1）中国人的集体主义观念与西方人的个人主义观念

集体主义价值观一直是中国人民所提倡的一种观念。集体主义价值观是一种以国家、社会、集体的利益在前，个人利益在后的价值观念。

可以这么理解，一旦个人利益与集体利益发生冲突时，通常会牺牲个人利益保护集体利益，或是与集体利益保持一致。随着中国历史的发展，社会的进步，这种情况有所改变，不再一味地强调牺牲个人利益，企图寻找更合适的方法将个人利益与集体利益实现最大化。这种观念与中国"礼"的教化有关，在中国人的思想中早已根深蒂固，包含着强烈的集体归属感，体现在生活中的方方面面，例如长幼尊卑、下级服从上级等。

与中国所提倡的集体主义价值观不同，西方提倡的是个人主义价值观。西方人天生对个性、自由有着极致追求，在乎个人意志，注重自我实现。通常有人会反对个人主义价值观，认为其利益凌驾于任何利益之上。这种说法是错误的，对个人主义价值观没有清楚的认知。西方人所提倡的个人主义价值观念具有一定的范围，在这个范围之内，个人利益是最高的，一旦超过范围，这种情况就会发生改变。所以说个人主义价值观并不是一种不好的观念，也是一种积极、健康、向上的观念。必须要承认的是，推崇个人主义价值观的人往往会促进自身的创新与进取，但一旦超越正常范围，则会对整个社会的和谐发展产生阻碍。

（2）中国人崇尚道德观念与西方人注重个人观念

从古至今，中国社会的传统思想中一直包含着人伦与道德观念。其中的人伦不是基于社会学的角度，也不是基于生物学的角度，而是基于道德角度来分析的。中国古代社会最突出的特点就是宗法性，所以中国古代社会是宗法性社会。社会结构以亲属关系形成，用亲属关系的原理与准则对社会进行调整，促进其发展进步的社会类型，就是宗法性社会。在这种特殊的宗法性社会中，一切社会关系都要以家族为基础，形成的宗法关系以及其他的社会关系，并且按照宗法的亲属关系适时调节。所以中国古代社会也是"伦理本位"的社会。

在"伦理本位"的社会中，主导社会发展所遵循的原则不是国家律法而是依靠情义，人们的义务重于权利。西方国家主要依靠法律手段实现统治国家的目的，而在中国，对国家和社会的管理注重"情"字，所以中国常说"法不外乎情"。在中国悠久的历史中，伦理传统一直存在，在备受推崇的儒学思想中，伦理一直处于思想中的中心位置。随着时间推移，伦理一直延续到西周，并且形成伦理思想。为了发扬伦理思想，西周历代君主和大臣为此设置了严密的宗法等级体制，规范人们的宗法道德，并由此正式形成伦理思想。到了春秋战国时期，儒学兴起，人们开始崇尚以"仁义"为核心的儒家伦理思想，所以当时人们的伦理思想通常与儒学有关。

伦理对应的西方单词为"ethics"，该词可追溯到希腊时期，为希腊语 ethos，其意思为"本质""人格""风俗""习惯"。希腊伟大的哲学家亚里士多德于公元前 4 世纪，对人的道德品性展开了研究，并由此发展成一门学问——伦理学。通过研究，亚里士多德认为人的道德品性分为伦理德性和理智德性两种。伦理德性是根据风俗习惯而延续下来并形成的，而理智德性则是依靠后天的教育、指导与培养而形成。所以伦理既有约定俗成的成分，也包含后天习得的成分。亚里士多德认为符合德性的行为都具有正当性，也就是做出该行为的人具有品德。人的德性与行为都受到道德的牵制，人的生活是否完美通常与道德密切相关。所以，西方伦理学以风俗习惯形成的伦理道德为主进行研究，之后，随着研究队伍的逐渐壮大以及研究的深入，西方伦理学成为哲学的一个分支，也就是现在所说的道德哲学。该学问研究的主要内容是对与错、善与恶的行为；好的生活如何定义；如何做个好人以及正确的行为和事情如何定义。

（二）社会文化因素对翻译的影响

1. 思维观念方面

中国人的思维形式为具象思维，侧重用具体的表达来描述具体的事物。西方人的思维方式为抽象思维，在描述具体事物或是表达观点时侧重使用抽象的方式。所以，两者在表达方式上也有所不同，中国人倾向使用具体词语表达观点，西方人则倾向于使用具有总结性、模糊性的抽象名词进行表述。在实际翻译活动中，翻译英语具有抽象性的名词时，不可采用直译的方法敷衍了事，应该进行具体化处理。结合文章思想以及上下文衔接的内容，将其进行翻译后，应达到语言清晰流畅，读者便于理解的要求。

2. 价值观念方面

中国与西方国家在价值观念方面存在的巨大差异，在一定程度上，会影响翻译活动的进行。举个例子，在西方国家用来表达"老"的一词"old"，在当前社会的存在感已经很低，越来越少的人使用该词，因此该词正在逐渐退出"语言舞台"。在表达"老人"这一概念时，人们开始使用类似 the advanced in age 具有含蓄意思的词语来表示年长者。若是在翻译活动中，遇到在西方国家给老年人让座的相关内容，翻译为 courtesy seats 比 old man 更加符合当下语言的特点。

第三章 文化翻译观

翻译活动不再仅仅是两种语言之间的转换,而是两种文化之间的交流。也就是说,在翻译过程中不仅要解决语言差异问题,也要跨越文化差异鸿沟。随着对文化翻译研究的深入探索,中西方形成了很多具有代表性的文化翻译观。本章针对文化翻译观展开探讨,涉及中西文化翻译观、文化翻译中的常见问题、文化翻译的原则与策略三个层面的内容。

第一节 中西文化翻译观

一、中国文化翻译观

中国传统的翻译思想的发展主要以十大学说作为标志:①支谦等人的古代文质说;②严复的信达雅说;③鲁迅的信顺说;④郭沫若的翻译创作论;⑤林语堂的翻译美学思想;⑥朱光潜的翻译艺术论;⑦茅盾的艺术创造性翻译思想;⑧傅雷的神似说;⑨钱钟书的化境说;⑩焦菊隐的整体论。

这十大学说既有着相互关联性,也各有独立的特征。限于篇幅,仅从文化翻译的角度来说,下面选取其中有代表性的观点加以论述。

(一)严复的文化翻译观

严复的"信达雅"理论在翻译界非常著名,并有着深远的影响。虽然其理论独占鳌头,但是对其理论的争论也一直存在。这是因为信达雅三个字非常简约,也并没有给予严格的界定与论证,因此给人们留下了广阔的阐释空间。

赞成者认为,"信达雅"理论可以对翻译实践起到很好的指导作用;

一些部分赞成者认为"信"或者"信达"可以作为翻译标准，但是"雅"不能作为翻译标准；不赞成者认为，"信达雅"非常空洞，对翻译实践起不到指导性作用。当然，如果将严复的"信达雅"视作一个抽象的逻辑命题，从脱离时空的角度对其进行评论，那么得出的结论必然是偏颇的。在本书中，笔者将"信达雅"回归历史本位，从语言文化环境出发，对其进行考察，或许就会发现不一样的天地，也就是说这里主要从文化翻译的角度对"信达雅"理论进行阐释。

要想弄清其文化含义，需要分析"信达雅"的本质含义。对于这一理论，严复非常明确地点明三者的关系，即"信"位于首位，翻译首先应该做到"信"，即对原作的思想内容进行忠实的传达。其次是"达"，即如果不通顺，那么就不能谈及翻译了。最后是"雅"，对于这一个字，人们评论得非常多。

有人认为严复的"雅"指的是汉朝之前的字法、句法，因此是过时的，不能用于现代的翻译标准。笔者认为，这样理解有失偏颇，并没有从历史的角度对严复的"雅"进行准确的把握。学者陈福康认为，严复的"雅"从上下文来说，显然指的是译作要注意修辞，要有文采，这样才能流传。这样对严复"雅"的理解是全面的、准确的，与严复的本义是相契合的。

在严复当时的语言文化环境中，汉朝之前的字法、句法被认为是"雅洁"文字，而要想将国外著作的精妙表达出来，就必须用到"雅洁"文字，这样才会显得非常高雅、严肃，才能被读者看重。如果采用的是"利俗"的文字，那么会被读者鄙视。严复的这一"雅洁"的表达方式是经过深入考察而做出的翻译抉择，他的翻译目的是引介西方思想，吸引当时士大夫的注意，从而实现改革。

严复的"信达雅"中涉及了丰富的文化翻译思想，对于翻译实践意义巨大。严复的文化翻译思想概括起来可以总结为如下几个层面。

1. 提出"信达雅"翻译原则

"信"是对原作思想内容的忠实，这是本义，"达雅"是严复考虑英汉语言文化的特点与社会语境而提出的，是具体的翻译策略。换句话说，"达雅"是严复为了实现翻译目的对译作展开的语言文化调节。

2. 翻译目的明确

严复认识到西方国家的强大，不仅是技术层面的强大，更是思想观念层面的强大，他对西方文化的认知超越了技术层面。因此，他认为要想富强，就必须引进西方先进的科学思想，将这些思想作为对中国人世界观加以改造的基础，作为人们思想启蒙的工具。

另外，严复翻译的服务对象为封建士大夫阶层，他想通过自己的译作对这一阶层的思想加以改变。

(二) 鲁迅的文化翻译观

鲁迅的翻译理论是基于对历代佛经翻译的批判继承与发展的基础上，并结合清朝末期社会科学与文学翻译理论的发展而逐渐形成的。作为一名翻译理论家，鲁迅发表了很多翻译理论著作与文章。直到今天，鲁迅的翻译思想仍旧是翻译学发展的一个重要组成部分。鲁迅的主要贡献总结如下。

1. 以"直译为主、意译为辅"与以"信为主，顺为辅"的思想

鲁迅主张，翻译应该"以信为主，以顺为辅"，反对只顺不信，也就是鲁迅所谓的"宁信而不顺"。鲁迅认为，在翻译时译者不仅将新的内容输入进去，还将新的表现手法输入进去，而其中的一部分会从不顺转成顺，那些彻底不顺的部分会逐渐被淘汰。这就涉及批判的内容。

对于硬译与死译的看法，鲁迅认为翻译应该综合中国翻译历史的经验，要取之精华、去之糟粕，即不仅要尽量地输入，同时要尽量地予以消化，将那些可以运用的进行传承，将那些不可以运用的排除掉。对于"硬译"，鲁迅认为可以输入那些新造的句法，一时间可能让人感到异样，但是后来逐渐被据为己有，这就是所谓的取之精华，但同时那些确实可以舍弃的生硬句法就应该被舍弃，这就是所谓的去其糟粕。鲁迅既主张"信顺"，又主张输入新的表现法，这就体现了他的"直译"思想。

但是，他也并不排斥意译。

2. "易解、风姿"双标准论与"移情、益智"双功能说

鲁迅提出的"易解、风姿"是翻译的标准，而"移情、益智"是翻译的功能，这是鲁迅翻译理论的核心内容。鲁迅曾经这样说："在动笔之前，要先解决一个问题，是要归化翻译，还是尽量保留洋气。日本译者上田进君主张采用归化翻译，他认为作品的翻译应该首先保证易懂。我认为应该是两样都需要的，如果要求易懂，还不如创作或者改作，将事情化为中国的事情，将人物化为中国人。如果是翻译，首要的目的应该对外国的作品进行博览，不仅仅要移情，还要益智，至少要知道什么时候发生了这件事，这就是所谓的洋气。"

实际上，世界上并不存在完全归化的译文，如果有，从严格意义上说不算是翻译。只要是翻译，就需要兼顾两个层面：一是易解；二是保留原作风姿。但是二者往往是矛盾的。

从长期的翻译实践中，鲁迅创立了自己的理论，这两种翻译思想的理论价值在于，"易解、风姿"要比严复的"信达雅"具有更强大的涵盖力，使得"信达雅"得到更进一步的丰富与深化。一般说，"信达雅"是对内容、语言、风格的描述，这三个层面是不能分割的，但是可以分开进行讲解。

鲁迅的两面论不仅要求通顺，还要求忠实。但是，这个忠实与"信"并不完全等同，从本质上说是广义层面的"信"，即从内容到形式都是忠实的，是对原作的内容与形式这一不可分割的整体的忠实，是一种全面的忠实。

3. 关于"重译"和"复译"的思想

"重译"与"复译"是鲁迅的两个重要翻译思想，这一思想击退了当时的乱译风，使我国的翻译事业健康发展。鲁迅所说的"重译"就是转译，任何的转译，无论是从英文、日文、德文还是法文等，都有一个先天的弱点，即翻译本身无可避免地使原作与译作间隔了一层，而从其他文字译文进行转译，也无形中增加了一层，这就给译者设置了双重壁

障。鲁迅提倡从原文直接进行翻译,这样是对作者的尊重,也是对读者的爱护。翻译界的后人正是基于鲁迅的这一思想,取得一次次成功,翻译出更优秀的作品,为我国的文学翻译事业做出贡献。这是翻译历史发展的必然趋势。

对于复译,鲁迅认为即便已经存在好的译本,进行复译也是非常必要的,译者可以取旧译本的长处,加上自己新的体会,译出一种近乎完全的定本。当然,随着时代的变迁,以后也会不断涌现新的译本。翻译有没有"一劳永逸"的译本?有,但是极少。就文字来说,中国现在是不存在"一劳永逸"这一符号的,这就是说"一劳永逸"的译本也是不存在的,只能说存在更接近的定本。鲁迅对待复译很宽容,认为可以选取旧有的已经存在的译本的长处,并加以借鉴,然后加上自己的心得,进行再创造。重点在于,译者要敢于超越。这也说明了一个道理:人类的文化总是基于原有文化进行逐渐积累的。

(三) 林语堂的文化翻译观

林语堂的系统性翻译思想在近一万字的长篇论文《论翻译》中得到充分体现,对众多翻译研究者产生了巨大影响。下面从翻译标准与审美问题层面加以论述。

1. 忠实标准

在翻译标准上,林语堂提出了三个原则:忠实、通顺、美。这三个标准与严复的"信达雅"可以相媲美。同时,他从三个问题与三重责任的角度对这三个原则加以论述。

(1) 三个问题

一是译者对中文层面的问题。

二是译者对待原作的问题。

三是翻译与艺术层面的问题。

(2) 三重责任

一是译者对中国读者的责任。

二是译者对原作者的责任。

三是译者对艺术的责任。

林语堂的这三大原则虽然是从英汉翻译考虑的，但实际上也适用于汉英翻译。在这三大原则中，林语堂用大量的笔墨来描述忠实原则，这是因为当时翻译界有一场关于翻译的论战：直译与意译。五四运动以来，关于直译与意译的问题就没有停止过。

面对这场论战，林语堂提出自己的主张，他在《论翻译》一文中，认为对原作的忠实程度可以划分为四个等级：一是直译，二是死译，三是意译，四是胡译。他认为，死译是直译的极端形式，可以称为直译的"过激党"；而胡译是意译的极端形式，是意译的"过激党"，因此在对这一问题进行论述时，林语堂先生将死译与胡译刨除，而单单探讨直译与意译。

对于直译与意译，林语堂先生首先指出的是这两个名称本身是不恰当的，认为虽然便于使用，但是实在不中肯，其不仅不能表达出译法的程序，也容易让人误会。在这里，林语堂先生所说的容易让人误会指的是直译与死译、意译与胡译之间的界限并不明确，使得翻译时往往两重标准是同时使用的。当然，这一问题在今天的翻译界仍旧是令人困扰的。但是林语堂先生对名称的否定也是有失偏颇的，因为直译与意译作为两种不同的翻译策略，至今仍旧被翻译界广泛使用。

由于林语堂先生对直译与意译概念的质疑，他提出了句译与字译的说法，他认为根据译者对文字的解法与译法，往往存在两种形式：以字为主或者以句为主，前者就是字译，后者就是句译。换句话说，字译就是字字对应，句译就是将句子视作一个整体，把单字的意思进行结合构成"总意义"。对于两者，林语堂先生明确表达句译是对的，字译不对。因为字的意义是活的，随时随地会发生改变，是与上下文融会贯通的，如果仅仅是用字来解释字，这样不免会出现断章取义、咬文嚼字的现象。因此，他主张用句译来展开翻译。

对于忠实问题，林语堂先生指出字典是不可靠的，依据的应该是句译，字的意义是根据用法来确定的，因此译者需要具备深厚的语文基础，而不是抱着字典来翻译。另外，对于忠实的翻译，林语堂先生还指出要传神，认为译者不仅要达到意思的准确，还应该做到传神。语言的用处并不仅是对意象的表现，而且是要互通情感的，如果仅求得意思的明确传达，则很难使读者获得相同的情感。

　　林语堂先生在强调忠实原则之后，还客观地指出，绝对的忠实是不存在的，因为译者在翻译时要同时兼顾音、形、神、意等各个层面是不可能的，也是不现实的。林语堂所提出的句译和字译概念是基于直译与意译建立起来的，是对其进行的全面总结与思考。因此，对于翻译研究与实践来说意义重大。但从另一个层面来说，林语堂对直译与意译的否定源自他对这两个概念的解读，这相对于人们的普遍认知而言，显得过于片面与主观。这两对概念之间不仅有区别，也有关联，因此句译与字译并不能取代直译与意译这两个概念。

　　虽然两组概念都是对翻译的语言与接受效果的强调，但是句译与字译更突显的是翻译理解与翻译单位，而直译与意译更突显的是翻译手段与翻译效果。因此，两者在概念上是存在交叉点的，而林语堂先生所提倡的句译很多情况下属于直译，有些情况下可能属于意译。

　　这两组概念之间的区别还在于林语堂所提倡的句译和字译是对立的关系，"倘是字译的方法对，就是句译的方法不对，（反之亦然，）两者是绝不能兼容并立的"。而相反，直译和意译分属翻译的两种不同的手段和策略，在多数情况下，两者并不是取此舍彼的关系，而是相互关联与融合的，共同对翻译发挥作用。

2. 审美问题

　　在对翻译问题的研究中，审美问题也是林语堂关心的一个重要问题。翻译除了要忠实与通顺，还需要注重审美。对于翻译审美问题，他认为主要包含三个层面。

　　（1）翻译是一门艺术

　　译者在对小说、散文等文学作品进行翻译时，除了要关注忠实顺达，还需要关注原作的美以及译作美的展现。

(2) 艺术文翻译应该注意的问题主要包含三个层面

第一,将原作的风格看得同内容一样,都是非常重要的。林语堂认为,一部作品之所以说是优秀的,主要是原作的风格更吸引读者的注意,因此对于译者而言,必须明确原作的风格,然后进行模仿。在将原文风格进行体现的层面上,林语堂还通过间接的方式表达出要对原作的风格进行忠实的传达,作为审美主体,译者必须具有与原作者同等的知识背景、气质性格与鉴赏能力。

第二,考虑文字体裁的问题,并分别对内外体裁进行了描述。文字体裁一般分为外的体裁与内的体裁。外的体裁问题包含句子的长短问题、诗作的体格问题等;内的体裁问题包含作者的风度文体、作者的个性等,一般来说,外的体裁是文本的语言外在形式,译者是较为容易把握和了解。相比之下,内的体裁则是语言之外的神韵与风格等抽象化的东西,因此对于译者有着较高的要求。林语堂首先强调了译者要体现原文的内在体裁应具备的条件,同时也客观地预见了其难度,所以他大胆而又有创造性地提出了"不译亦是一法",这在今天仍然具有其现实的实践意义与理论意义,同时,这个观点也必然对他自己的翻译活动产生一定的影响。

第三,翻译即创作。他引用了克罗齐(Croce)"翻译即创作"这一说法,表达了自己对这个问题的态度与主张。

(3) 艺术文是不可译的

林语堂在强调艺术文的不可译时,特别指出诗文的不可译。林语堂在其论文《论译诗》中表达了他对诗歌翻译的审美见解。他认为译诗应当做到意境第一,而"意境的译法,专在用字传神"。因为不同语言、不同作者创作的诗歌蕴含了不同的韵味、意境、韵律,其用字的精妙、整体的风格等往往是很难移植的。林语堂的艺术文不可译的观点同时也与他的"绝对忠实是不可能的"理论相呼应。

二、西方文化翻译观

自 20 世纪 70 年代开始,翻译学界出现了"翻译文化转向"的热潮，包含埃文-佐哈尔（Even-Zohar）、图里、巴斯奈特、勒菲弗尔等在内的学者提出了自己的"文化翻译观"口号。这一理论的提出对于翻译学界而言是一个大的进步，下面就对这些学者的文化翻译观展开分析和探讨。

（一）佐哈尔的文化翻译观

20世纪70年代，佐哈尔提出了"多元系统理论"，他通过借鉴俄国形式主义学者的观点，认为文学作品应该视作整个文学系统来进行研究，而不是独立地展开研究。佐哈尔将文学系统界定为一个与其他程序产生影响的文学秩序功能系统，因此这就将文学作品视作文学、社会、历史框架的重要组成成分。其关键的概念在于"系统"，且这个系统是动态的，是不断变化的。

虽然佐哈尔的理论是基于形式主义学者的理论建构的，但是他对"传统美学研究中的谬论"是反对的，即反对将研究的重点置于高雅的文学作品之上，而将悬念小说、儿童文学以及整个翻译文学系统排除在外。佐哈尔强调，翻译文学需要作为一个系统来进行运作，具体表现为如下两点。

第一，目的语如何对要翻译的作品加以选择。

第二，翻译行为与翻译规范如何受其他系统的制约与影响。

佐哈尔以多元系统这一涵盖性的概念对所有系统之间的关系加以强调。多元系统被认为是一个多层次、多种类的系统集合体。而其中层次即多元系统在某一特定历史阶段产生的不同层次上的作用。如果最高层面被一个新的文学类型替代，那么较低层面就可能被保守文学类型替代。如果保守文学类型占据最高层面时，那么创新文学类型就有可能来自最低层面，否则就会出现一个停滞状态。这就是一个动态演变的过程。也正是由于这种动态性，翻译文学在多元系统中的地位并不是固定不变的，其地位可能是主要的，也可能是次要的。

如果翻译文学占据主要地位，那么它就能够对多元系统进行积极的塑造，即翻译文学可能极具革新精神。如果翻译文学处于次要地位，它就是多元系统中边缘系统的代表,无法直接影响中心系统,甚至会作为一个保守因素,对传统的形式加以保留,当然其处于次要地位也是非常常见的,是正常的状态。

(二)图里的文化翻译观

图里与佐哈尔一起从事研究工作。对于图里而言,翻译首要的目的在于目标文化在社会与文学系统中的地位,而这一地位对翻译策略起着决定性作用。基于这一点,图里不断对佐哈尔的多元系统理论进行深层次研究,并提出了"描述性翻译"理论,这一理论引申出三段式方法论。

第一,将文本置于目标文化系统内来分析其意义与读者的可接受程度。

第二,将原作与译作的转换问题加以比较,尝试对深层次翻译概念加以总结与概括。

第三,为翻译策略提供某些重要启示。

当然,还需要一个补充的步骤,即对第一阶段与第二阶段进行重复,对其他类似的文本展开研究,目的是扩充语料库,从而从文学时期、文学类型等内容出发,对翻译展开概括与描述。这样来看,人们就能够确认与每一种类型相关的规范,最终建构相应的翻译法则。

对于规范,图里这样界定:将某一社区所共享的观念与价值转换成恰当的行为指南。这些规范是针对某一社会、文化而逐渐形成的社会文化约束。同时,他认为翻译也是受规范制约的,这些规范对实际翻译中产生的等值问题起着决定性作用。图里认为,翻译的阶段不同,规范也会不同。

1. 初始规范

基本的初始规范指译者的总体选择,如图3—1所示。

第三章 文化翻译观

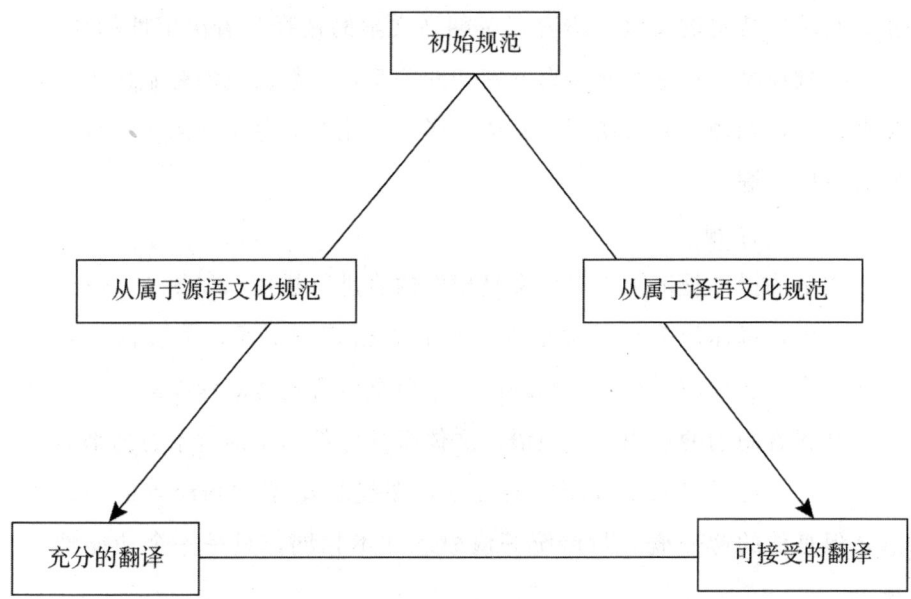

图3—1 初始规范示意图

译者可以选择是偏向源语文化规范还是偏向译语文化规范。如果译者选择偏向源语文化规范，那么译作就是充分的翻译；如果译者选择偏向译语文化规范，那么译作就是可接受的翻译。无论是充分的翻译，还是可接受的翻译，都是一个连续的统一体，因为翻译不可能是完全充分的或是完全可接受的。

2. 预备规范

图里将其他层次上的规范称为预备规范与操作规范。预备规范如图3—2所示。

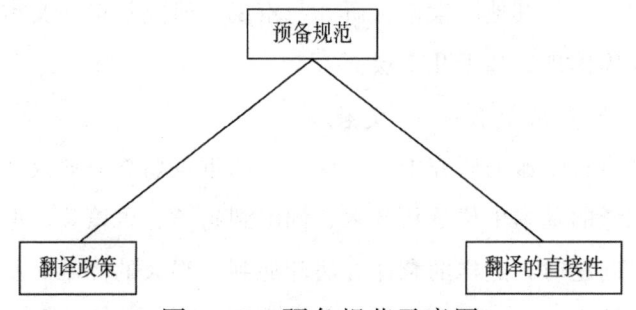

图3—2 预备规范示意图

预备规范包含两种：一种是翻译政策，一种是翻译的直接性。前者指的是某一特定的文化与语言，对翻译文本的选择起着决定性的作用；后者与翻译是否存在中介语有着密切的关系，一般研究的是翻译中包含哪些语言，翻译中是否使用中介语，译语文化对通过中介语进行翻译的宽容程度，等等。

3. 操作规范

图里的操作规范主要对译文呈现的内容进行描述，如图3-3所示。

其中，母体规范与译文是否完整有着密切的关系，如段落是否删减、原作是否分割、是否添加脚注等。篇章语言规范对译作的语言素材的选择起着制约的作用，如短语、文体特征等都属于语言素材的部分。

总之，通过对原作与译作的考察，图里提出了"翻译等值"的概念，但是他的这一概念与传统等值概念并不相同，只是一个功能性的概念。

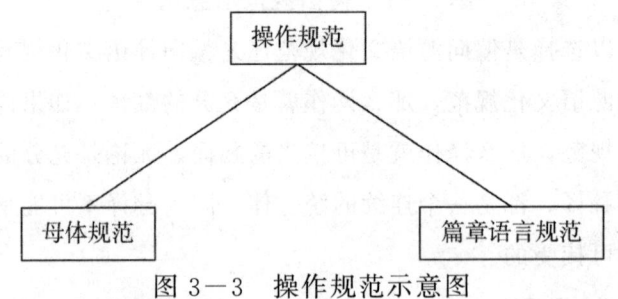

图3-3 操作规范示意图

（三）巴斯奈特的文化翻译观

20世纪90年代，以巴斯奈特为代表的"文化学派"开始对翻译中除语言结构之外的其他因素进行研究与审视，研究从单一文本转向文化大视野。具体体现在如下几个层面。

1. 翻译基本单位——文化

在翻译语言学派的研究中，翻译活动的重点始终应该放在语言转换层面，而翻译的基本单位是从音素、词汇到句子、语篇等。但是，在解决文学翻译问题时，这样的翻译方法却遇到了很大的困难。基于这些问题，巴斯奈特指出，文学翻译有着自身的特殊性，因此研究方法应该对翻译单位进行改革，即从句子、语篇等转换为文化。

在巴斯奈特看来,如果将文化与人的身体作比,那么语言就是心脏,只有身体与心脏结合起来,人类才会有动力,才能保持生机。当说明语言与文化的关系后,巴斯奈特对文化翻译的含义以及相关问题进行了进一步阐述,他认为翻译应该将文化作为基本单位,目的是通过翻译实现文化交流。因此,从巴斯奈特的观点中可以看出,翻译不仅是语言层面的交际行为,还是一种文化上的交流手段,而之所以进行翻译,目的就在于交流。

2. 翻译文本功能对等

除了将文化作为翻译的基本单位,文化翻译观的另外一层含义在于翻译不应该仅限于对源语文本展开描述,还应该实现源语文本在译语文化中的功能等值。在巴斯奈特看来,文本不同,其承载的文化所赋予翻译的功能也就必然不同。翻译的功能受两个层面的制约。

第一,翻译所服务的对象。如果读者是面向儿童,那么翻译就要考虑儿童是否能够接受,因此在语言上应该尽量保证生动、简洁。

第二,源语文本在源语文化中所承载的功能。

受这两点的影响和制约,译者在进行翻译时,应该将不同的文化背景考虑进去,通过对源语文本进行解码,再进行重组,探求译语文化,实现与源语文化的功能等值。

在操作上,巴斯奈特指出文化对翻译有着不同的需求,且这些需求与源语的性质有着密切的关系。如果源语文本为描述性的文本,那么译者应该尽量考虑源语文化而进行直译,例如科技文献就属于描述性文本。如果源语为文学作品,那么译者在进行翻译时就有着一定的自由。

巴斯奈特的文化功能与奈达的功能对等理论有着某些共通性,但是也存在明显的区别。对于奈达来说,翻译指的是从语义到文体,译者用最贴近自然、对等的语言对源语加以再现的过程。相比之下,巴斯奈特认为翻译研究应该面向文化这一单位,将文化转换作为翻译的目的,译者应采用不同的文化功能对等来展开翻译。

可见,巴斯奈特不仅跳出了传统翻译方法以语义、信息作为目标的模式,而且以更为宏观的手段对翻译展开研究和探讨。

3. 译者的地位

受女权主义的影响,巴斯奈特认为传统的二元翻译理论将原作与译作划分成两级,如同社会中的男性与女性,原作就是男性,占据着主导性地位;译作就是女性,占据着从属的地位。因此,从这一点来看,巴斯奈特主张翻译是双性的,不能否认译者的从属地位。

对于译者来说,他们不仅要在译语文化中探求与源语文化对等的层面,还要针对不同层次的读者采用等效的技巧对源语进行转换。因此,就文化等值上来说,译者具有较大的主动权,可以对其进行灵活的改写,甚至有些时候,他们可以改变原作的文学形式。

(四) 勒菲弗尔的文化翻译观

勒菲弗尔与巴斯奈特一样,注重文化与翻译的关系及文化对翻译产生的影响。下面主要从两个层面探讨。

1. 作为重写的翻译

勒菲弗尔的翻译研究源于他对多元系统理论的兴趣。有些人认为他更像一个系统理论家,但是他对翻译工作更多是倾向于"文化转向"层面。勒弗维尔对"十分具体的因素"的研究是非常关注的,因为这些因素对文学文本的接受与拒绝起着系统的支配作用。这些具体的因素有权力、意识形态、操纵问题等。在权力位置上的人等同于勒菲弗尔口中的操纵大众消费的那一类人,也可以说成是"重写的人",对于这类人,他们的动机可能是意识形态的,也可能是诗学的。

勒菲弗尔认为,重写的基本过程在历史研究、翻译、编辑工作中都会加以呈现。翻译是一种显著的重写,也可能是最有影响力的重写,因为翻译能够将作者的形象反映出来,也可能将那些超越源语文化界限的形象反映出来。从勒菲弗尔的观点中可以看出,在文学系统中,翻译的功能主要受到三个要素的影响。

(1) 专业人员

这些专业人员有评论家、批评家等,也可能是教师或者译者自己。

之所以包含译者自己，是因为译者对所译文本的诗学起着决定作用，甚至对所译文本的意识形态也起着决定性作用。

（2）赞助者

这些人主要是那些对文学阅读、文学写作、文学重写等产生促进或者阻碍影响的人。一般来说，赞助者包含三类。

第一，某一时期势力强大或者具有影响力的人。

第二，某些媒体、出版商等人物团体。

第三，学术期刊、国家院校等负责传播文学的机构。

同时，勒菲弗尔还认为赞助者受如下三个要素的影响。

第一，意识形态因素，对主题的选择与表现形式起着决定性作用。一般来说，意识形态因素是比较笼统的概念，是一种具有规范和形式的构架，对人们的行为与信仰起着决定性作用的构架。因此，在勒菲弗尔看来，赞助是一种意识形态化的东西。

第二，经济因素，主要涉及作者与重写者的报酬。过去，经济因素主要是捐助人所给予的津贴。如今，经济因素大多表现为翻译费、稿费。当然，教师、批评家等也是由赞助者提供报酬的。

第三，地位因素，其包含很多种形式。作为对赞助者的回报，受益人往往需要满足赞助者的某些需求或者愿望。同样，团体内某一成员也需要对团体进行表示。在这个因素之中，赞助者的努力在于对制度稳定性的维护。

如果三个因素并不相互依赖，那么赞助者就被认为是分散的。也就是说，如果是一个畅销书的作者，其可以获得高额的报酬，但是在等级分明的文学界人士眼中，他也并不具备什么地位。

（3）主流诗学

在勒菲弗尔眼中，主流诗学主要包含两个成分。

第一，文学方法，即包含符号、体裁等内容。

第二，文学作用的概念，即文学与其社会制度间所存在的关系。

2. 诗学、意识形态与翻译

关于三者的互动，勒弗维尔提出了一个关键性的主张，即无论处于翻译的哪一个阶段，人们都可以看到，如果语言学方面的考虑与意识形态或诗学发生本质冲突的话，那么意识形态或诗学会占据上风。也就是说，在勒菲弗尔看来，意识形态或诗学是非常重要的因素，其中的意识形态即译者的意识形态，或者是赞助者强加于译者的意识形态；其中的诗学即目的语文化主流诗学等，这些都对翻译策略起着决定性作用。

第二节　文化翻译中的常见问题

在翻译过程中需要注意的问题有很多，如可译性问题、词汇空缺问题以及文化等值与欠额问题等，了解这些问题，对准确有效地进行翻译十分有利。

一、可译性问题

在翻译界，可译性问题一直都是关注的焦点。可译性与不可译性是两个紧密相关的概念，在论及可译性问题时，不可避免地会涉及不可译性问题，它们一直都是翻译界争论的话题。实际上，并不存在绝对的可译性和不可译性，只是可译的程度与不可译的程度问题，二者是相对的概念。

（一）可译性研究

关于可译性，我国学者刘宓庆给出了明确的解释，可译性指的是双语转换中源语的可译程度。一种语言或单位不能译成另一种语言或单位，无法使两种不同语言的人群实现沟通和理解，即所谓的"不可译性"。可译性问题实际上并不是指语言作品是否可译，而是指语言作品的内容思想和精神风貌能否用另一种语言传达出来。这也反映了另外一个问题，即翻译过程的确要忠实于原文，但能否完全忠实很难确定。

随着德国著名哲学家、语言学家威廉·冯·洪堡特（Wilhelm von

Humboldt) 的研究,"可译性"逐渐被人们关注,并成为焦点。洪堡特可以说是最早对可译性和不可译性问题进行研究并加以论述的学者。洪堡特认为,语言同时具有普遍性和特殊性。人类本质上是同一的,这种同一性使得人类语言具有普遍性。洪堡特承认语言的特殊性,认为语言各具特色,各有差异,但他也认为语言在本质上具有同一性。语言的普遍性使得语言可译,而语言的特殊性使得语言不可译。洪堡特指出,语言具有主观性,但也具有客观性。

语言是一种观念的、精神的存在,体现着语言使用者的主观观念,所以语言因人而异,表现出不可译性。但语言也是人们相互交流思想、传递信息的客体,是普遍存在的一种认知手段,语言由此表现出可译性。洪堡特认为,世界上没有完全等值的两种语言,所以也不存在完全等值的翻译。但洪堡特也肯定了翻译的可译性,认为语言具有很大的创造力,具有无限的组合方式,所以即使在某些细节方面不可译,但在整体上可译。此外,对翻译的可译性问题进行研究的还有英国语言学家、翻译理论家卡特福德和美国语言学家、翻译家奈达。卡特福德认为,翻译存在可译性限度问题,即不可译,并指出不可译具体包含两种情况,即语言的不可译和文化的不可译。奈达指出,翻译是可能的,也就是具有可译性;翻译又是不可能的,也就是具有不可译性。

可译性与不可译性问题也深受我国学者的重视,并且研究历史悠久。早在东晋时期,佛教学者道安就提出了"五失本"理论,指出了容易导致译本丧失本来面貌的五种情况,并提出在必要时对译文进行修饰,以便于读者理解。尽管这存在很大难度,但也是可译的。唐代玄奘提出了"五不翻"原则,这里实际上指的是"不意译",而非指不翻译,"不意译"也就是音译,而音译就是不可译。刘宓庆指出,可译性并不是绝对的,而是具有一定的限度。

就本质上而言,可译性与不可译性并不是泛指两种语言之间是否可以相互传译,而是指某些感情和艺术色彩以及文化特色比较浓厚的作品,在传译时由于语言的差别而所能达到的译文确切性的程度问题。相互转换的两种语言以及两种语言所承载的文化都有着显著的差异,所以确保源语与译语的完全对等翻译是不可能的,也就是所译文无法完全等同于原文,但可以无限地趋近于原文。奈达指出,在语言间不可能做到完全的对等,因此也没有完全准确的翻译。译文的总体影响只会接近原文,而不可能在具体内容上一致。由此可见,可译性与不可译性并不是相互独立、完全对立的两个概念,二者相互依存,而且有着紧密的辩证关系。

(二)可译性的理据

对客观事物认知的相似性使得人们拥有了大致相同的概念体系,也使得翻译具有了可译性。

1. 相似的经验世界

人类身处在同一个世界当中,体验的也是同一个世界,所以在知识观念形成的过程中会拥有相似的世界经验,这些相似的世界经验就是翻译可译性的依据。针对翻译而言,原文作者和译者面对的文本所指的是同一外部世界,必然也会存在共同的体验。以英汉翻译为例,英汉两种语言属于不同的语系,无论在拼写、读音和表达方式上都存在显著的差异,这一定程度上也是不同世界观念的反映。尽管如此,相似的世界经验为可译性提供了重要依据,使得人们可以相互交流。

2. 共同的语言基础

不同地域的民族在诸多方面都存在显著差异,人们仍可以相互交流,这主要源于人类语言的基本相同的功能。语言是人们生存、交流的基本的重要工具。处于相似的自然环境中,人们有着相似的行为、经历和感受,因此语言的基本功能也具有相似性。比勒(K. Bühler)和雅各布逊都对语言的功能进行了总结,纽马克在他们所提观点的基础上提出了语义翻译和交际翻译的概念。可见,语言功能的普遍性为可译性提供了依据。

3. 文化的相互融合

不可否认,不同的文化之间存在巨大差异,但也存在共性。随着社会的发展,各个民族之间的交流日益频繁和紧密,文化也开始相互影响、相互渗透,随之文化的差异越来越小,共性逐步扩大。不同文化在相互融合的过程中会产生互化,这种文化具有相互性,而语言的相互影响也是如此。例如,英语中的很多显性连接词语在现代汉语中出现并使用,这使得汉语的意合传统受到了很大冲击;而受汉语意合特点的影响,现代汉语中越来越多的名词直接作定语。随着文化的融合,语言也得到了丰富和发展,文化和语言的融合极大地扩大了文化和语言的共性,也为语言的可译性提供了理据。

(三) 不可译性的分类

翻译过程中,不仅要深入了解翻译的可译性,也有必要认识翻译的不可译性。卡特福德认为,不可译性有语言的不可译和文化的不可译之分。傅仲选指出,不可译性可分为绝对不可译和相对不可译。这里主要对卡特福德的分类进行说明。

1. 语言的不可译

(1) 语音上的不可译

世界上没有完全相同的两种语言,每一种语言都有着有别于其他语言的语言系统和特色,而这也就导致了语言的不可译。就英汉语言而言,英语属于多音节语言,只有简单的声调变化,而没有语调的变化。汉语属于单音节语言,声调变化复杂,而且语句工整。将汉语中整齐工整的诗句用英语中与之相对应的语句来翻译,几乎是不可能的,即便可以翻译,也需要进行调整,原文的含义也必然会受到损害。此外,有着鲜明民族特色和地方特色的方言和口音也是不可译的,在另一种语言中不可能找到与之相对应的说法。可见,在语音层面上,不同语言是不可译的。例如:

东边日出西边雨,道是无晴却有晴(情)。

The west is veiled in rain, the east enjoys sunshine; my gallant is as deep in love as day is fine.

诗人通过"晴"和"情"的谐音双关,深刻地表达了自己的思想情感,不仅语言工整,而且读来朗朗上口。通过英语来表达相同的谐音相关,同时传递原诗含义,是不可能实现的。译文虽然传达了原诗的含义,却损害了原诗的语音特色。

(2) 词汇形态上的不可译

在词汇形态上,每一种语言都独具特色,这也导致语言的词汇形态具有不可译性。例如:

人曾为僧,人弗可以成佛。

可以看出,这种有着明显汉语特色的字形特征和拆字组句技巧在英语中是不存在的,所以译成英文是十分困难的,不论如何翻译,都不能完好保留原文的形象。

(3) 句法上的不可译

在句法上,英汉语言的差异也是巨大的。英语属于形合语言,常依靠各类连接词来维持语言的连贯,而且常附带一些定语从句、状语从句等从属成分,句子结构呈"葡萄型"。汉语属于意合语言,常依靠上下文关系来组句成篇,一般不需要连接词,也很少附带从属成分,句子结构呈"竹竿型"。在翻译时,要想达到语义对等,必然会有损源语的句法结构,所以英汉语言在句法上不可译。

(4) 文体风格上的不可译

文体风格是指文章的体裁格式和语言特色,其涉及范围广泛,包括各种体裁、个人特征和民族特色等。这种独特性就决定了文体风格的不可译性。例如,韵律、咬文嚼字等文体风格是很难进行翻译的,这里将其做不可译处理。

例如:

寻寻觅觅,冷冷清清,凄凄惨惨戚戚。

I've a sense of something missing I must seek. Everything about me looks dismal and bleak. Nothing that gives me pleasure, I can find.

原诗句用了七对叠字,将作者的情感淋漓尽致地表达了出来,而且层层深入,感人肺腑,艺术风格十分独特鲜明。上述译文在内容上进行了准确的传达,但文体风格与原文相差甚远,通过译文读者几乎无法产生源语读者读这首诗时所产生的感受。由此可见,在文体风格的翻译上,是存在可译限度的。

2. 文化的不可译

文化是一个社会对事物的客观反映。存在于一种文化中的现象,在另一种文化中可能不存在,也就没有与之相对应的表达方式,即使可以间接表达,也会对信息造成损害,因此在一定程度上文化也具有不可译性。文化的不可译包括两种情况:文化词汇空缺和指称词语的冲突。

(1) 文化词汇空缺

某些词汇是一个民族特有的,对于本民族而言,这些词汇的概念意义是一目了然的,但对于其他民族而言则是十分陌生的,更不用说词汇的内涵意义了。因为这些词汇所传达的概念在非本族人们的文化中根本不存在,这就是所谓的"词汇空缺"。"词汇空缺"在英汉两种语言中十分常见,给翻译带来了一定的障碍。例如:

hipple 嬉皮士

阴阳 Yin Yang

气功 qigong

hipple 和"阴阳"、"气功"都是英汉语种所特有的表达,有着独具特色的文化含义,在另一种文化中根本不存在,而且也没有相应的表达,所以对它们进行翻译是非常困难的。hipple 译为"嬉皮士"也只传达了"嬉皮笑脸"的含义,并没有表达其真实含义。而"阴阳""气功"也只能音译。

(2) 指称词语的冲突

指称词汇冲突包含语义文化冲突和语用意义冲突两种情况。

有时将一种文化信息符号忠实地转换为另一种语言符号时,内涵意义会发生显著的变化,甚至完全相反,这就是语义文化冲突。例如:

泰山北斗 Mount Tai and the North Star

虽然译文与原文实现了指称意义上的对应,但语义文化并不对应。

在汉语文化中,"泰山北斗"是对德高望重之人的尊称,很显然译文并没有准确传递这一文化信息。

语用意义冲突是指词语文化信息符号的语用意义在进行语际层面的转换时会产生冲突。例如:

《红楼梦》A dream of red mansions

对于红色,其在英汉文化中有着不同的含义。在汉语文化中,红色具有喜庆和昌盛的意义,但在西方文化中,红色具有危险和暴力的象征意义。所以,将《红楼梦》这一小说名译为 A dream of red mansions 是不妥的,应译为 The story of the stone。

二、词汇空缺问题

在翻译过程中经常会遇到词汇空缺问题,这一问题也给翻译带来了不小的障碍。上文已经提到并简要介绍了词汇空缺,这里就对其进行详细说明。不同民族的语言和文化不尽相同,反映在词汇层面就形成不同民族语言的个性之处,即一个民族中的词汇在另一个民族中不存在,这些词汇的概念意义和内涵意义对于其他民族人们而言都是十分陌生的,这种现象就是"词汇空缺"(lexical gap)。

在英汉语言中常会见到词汇空缺现象。例如,英语中有 strong point 和 weak point 的说法,但汉语中只有"弱点"而没有"强点"的说法。再如,汉语中"长处"和"短处"的说法,但英语中只有 short coming 而没有 long coming 的说法。很明显,词汇空缺势必会对语言的转换和文化的交流造成困扰,这就需要译者在翻译过程中注意这一现象,并灵活采用一些相应的措施。

(一)词汇空缺的原因

1. 地理环境差异

不同民族的人们身处在不同的地理环境,所以该民族语言中描述地理环境的词汇在其他民族中可能会不存在,也就是存在词汇空缺。例如,"泰山"在汉语中有着独特的文化内涵,其喻指德高望重的人和强大的实力,如"有眼不识泰山"。无论是泰山这一物体还是其文化内涵,都是汉语文化所特有的,其他文化中并不存在,如果按照字面意思直接译为 have eyes but fail to see Taishan Mountain,就会丢失其文化信息,读者也会产生疑惑,不明所以。而英语中的 take French leave(不辞而别)和 Spanish athlete(吹牛,胡说八道的人)也不能按照字面意思直接翻译,否则会令读者不知所云。

2. 价值观念差异

价值观念深刻地反映着文化,因为文化背景的不同,所以不同民族的人们有着不同的价值观念,这在思维方式、语言表达等方面有着显著的体现。受中国传统观念和文化的影响,中国人崇尚礼仪,讲究谦让,在与人交际时常会采用很多谦辞,如"寒舍""鄙人"等。受个人主义价值观的影响,西方人追求自由,讲究平等,在与人交际时常会直接表达,而且富有逻辑,汉语中的一些谦虚表达在英语中并没有相对应的形式。

3. 社会风俗差异

英汉民族有着各自独特的社会风俗,反映在语言上,也会导致这方面的词汇空缺。例如,中国的传统节日,"除夕""清明""中秋"等在西方国家并没有,与之相对应的一些节日风俗,如"守岁""扫墓""吃月饼"等在西方国家更是没有,这些富有中国特色的习俗在英语中根本没有相对应的表达形式。而西方文化中万圣节的 trick or treat、感恩节的 turkey 等,在汉语中也没有相应的表达。可见,社会风俗差异也会导致词汇空缺现象的产生。

(二)词汇空缺的翻译难点

1. 双语信息空白

双语信息存在偏差是词汇空缺的一种常见表现形式,也就是一种语言中的词汇在另一种语言中不存在。这种情况是很难进行翻译的。例如,汉语中的"提包""挑柴""挎篮"中的"提""挑""挎"都有"携带"的意思,但英语中表示"携带"含义的词只有 take, bring, carry,

而且与汉语表达完全不对应。

2. 文化内涵不对等

词汇空缺还表现在文化内涵的不对等上，即虽然两种语言中有相对应的表达，但所蕴含的文化信息不同。如果忽视了这一点，在翻译时就很容易丢失重要的文化信息，错误地引导读者，甚至可能引起文化冲突。例如，"熊"这一动物在中西方都存在，但所表达的文化含义不尽相同。在中国人看来，熊是一种行动缓慢、呆傻样态的动物，所以常用它来比喻反应迟钝的人。但在西方人看来，熊是一种凶残的动物，常用来比喻那些鲁莽的人。可以看出，文化内涵的不对等必然会影响翻译的有效进行，因此在翻译过程中要注意这一问题。

三、文化等值与欠额问题

翻译一直追求文化等值，但因文化背景的不同，在翻译过程中不可避免地会出现文化内涵的缺失或不等值传递，进而造成文化欠额问题。

（一）文化等值问题

美国学者奈达提出了等值论，他指出翻译对等包含形式对等（formal equivalence）和功能对等（functional equivalence）。形式对等注重语言的形式和内容，功能对等注重翻译的效果。在翻译中只注重形式对等而忽视功能对等，就会造成文化信息欠额。

1. 文化等值的类型

（1）零等值

零等值是指一种语言所表达的文化内涵在另一种语言中找不到对应项。零等值的产生主要源于以下两个因素。

第一，历史内涵的独特性。每一个民族都有着独特的发展历史，浓厚的历史文化赋予了语言丰富的文化内涵。有些蕴含着丰富历史文化内涵的词语，在另一种语言中往往处于零等值状态。此时在翻译时就不宜采用直译法，因为直译法会造成文化内涵的缺失。

Peace Will Be His Pyramid.

译文1：和平将是他的一座金字塔。

译文2：和平将成为人们记住他的丰碑。

原文是基辛格为遇刺身亡的埃及总统萨达特所写的一篇悼文的标题。基辛格用 Pyramid 来作比，不仅歌颂了萨达特的丰功伟绩，也表达了自己的敬仰与怀念之情。采用直译法译出的译文1显然不能表达作者的真实感受，译文2则表达了作者的真实寓意。

第二，习俗内涵的特殊性。每个民族都在长期的历史发展过程中形成了独特的生活规则和习俗，随之语言中也就有了相对应的独特的表达方式。而这些有关习俗的独特的表达方式，在另一种语言中往往处于零等值状态。例如，汉语中常用"色狼"来表示"好色之徒"，但英语中常用 goat 来表示；汉语中常用"水性杨花"来指代举止轻浮的女人，而英语中常用 butterfly 来表示。在翻译时，简单的直译常会造成文化内涵的缺失。

（2）部分等值

部分等值是指一种语言所表达的文化内涵在另一种语言中只存在部分对应的现象。例如，汉语中的"孤儿"和英语中的 orphan 就只能部分等值。

（3）假性等值

在英汉语言中，有很多的词汇虽然字面意思相同，但内涵意义相差甚远，这就是所谓的假性等值。例如：

short drink

表面含义：少量饮料

真实含义：烈性酒

2. 翻译中的文化等值

翻译不仅涉及语言，更关乎文化，做到文化对等是其目的。纽马克认为："文化对等是把出发语的文化词转化成目的语的文化词的一种近似的翻译。"译者作为连接原文和读者的桥梁，要在原文和读者之间搭建沟通的渠道——译文，不仅要处理语言问题，更要处理文化障碍问题。译者在翻译过程中不仅要传递语言的表层言语信息,还要传递深层文化信息,这样才能有效传播文化。翻译是一种文化信息传递和接受的互动过程,要想提高互动的效果,就要确保文化信息的等值,避免简单的字面转换,减少翻译中的文化欠额。

(二) 文化欠额问题

纽马克 (1981) 指出,文化欠额翻译 (under – loaded cultural translation) 是指"在翻译中零传输或者部分传输了源语文化环境中的内涵信息的现象,即译文所传递的文化信息量小于原文的文化信息量"。文化欠额翻译会导致原文文化信息的不完整传输,会直接影响译文的质量。

翻译中过于注重形式也就是字面信息的等值,就会造成文化信息的欠额。例如,"Shall I compare thee to a summer's day?" 对这一名句进行翻译时,很多译者将其译为"能把你比作夏日吗?"实际上,因地理位置的不同,夏日在英汉文化中有着不同的含义。英国的维度较高,并没有酷热的烦恼,所以英国人十分喜爱夏日,但中国的夏日则是酷热难当。采用直译法进行翻译,会使原文的地域文化内涵丧失。将原句译为"我可以把你比作充满生机的夏日吗?"更能传递原文的文化内涵。

第三节 文化翻译的原则与策略

一、文化翻译的原则

对于文化的翻译是否有原则或者翻译是否需要一个原则来约束,不同的学者有着不同的见解。赞同"译学无成规"的大有人在,认为"翻译是一门科学,有其理论原则"的也不在少数。对于这一问题,笔者更倾向于后一种观点,认为译者应具备如下几方面。

首先,对所译文本有着深度的文化思考。在翻译活动中,应该特别注意对所译文本的研究与思考,关注读者的理解,充分利用副文本的形式,对所译文本进行阐释与解读,向目标读者介绍文本所蕴含的文化特质与价值。对于副文本的价值,翻译界有过很多探讨,如高方就特别指出副文本对作家、作品进行介绍,或对社会文化背景、文化、社会差异加以分析,或对翻译障碍、理解难点进行讨论,这些对读者理解作品具有很大的启发。这要求一名译者有广阔的文化视野与人文情怀,心中有读者的期待。

其次,具备文化交流的意识。在新的历史时期,精神文明被提到了更突出的位置。译者作为文化传播的桥梁,在全球化的今天,应该拥有清醒的文化意识。经济全球化和文化全球化相当于一个人的两条腿,我们应该用两条腿走路,否则就不是一个健全的人。西方文化中的流弊,需要通过学习中国文化来克服,这也是西方有志之士转而向中国文化寻求智慧的动机所在。不同民族语言文化之间的交流,是一种需要。任何一个民族想发展,必须走出封闭的自我,只有在和其他文化相互碰撞、相互融合的过程中,自身才能得到发展。而在这样一个过程中,翻译始终起着重要的作用。

译者不仅要把外国的先进文化引入中国,也要把中国的先进文化传播到外国去。中国文化走向世界,为的是丰富世界文化。要维护文化的多样性,使世界文化之水不断流动,使社会不断地良性发展,甚至于维护世界和平,这就需要译者在翻译活动中保持包容的态度。下面针对文化翻译的原则展开具体论述。

(一)信息等值原则

文化信息等值原则是文化差异背景下翻译活动的重要原则,具体来说,译者要尽量使译文实现与原文在语言、文本、文化以及思维等多层面的等值。下面是国内外一些文化底蕴浓厚的大学的校训的翻译,其都很好地遵循了信息等值的翻译原则。

In the Nation's Service and in the Service of All Nations(普林斯顿大学校训)

为国家服务,为世界服务

Peace and Light（塔夫斯大学校训）

和平与光明

（二）风格再现原则

在进行文化翻译时，风格再现也是一个重要的原则。通常来说，风格再现原则中的风格主要涉及如下几点。

1. 文体风格

文体不同，风格也必然存在差异，如小说文体与诗歌文体、新闻文体与法律文体等，都呈现着各自的特色，这要求译者在进行翻译时，需要考虑不同的文体风格，除了将彼此文化再现出来，还需要将文体的风格予以再现。以法律文体翻译为例，译者应该注重法律文体中的庄重、严肃的口吻，切记不要将其翻译成大白话，否则就违背了法律文体的法律意义。

2. 人物语言风格

人物语言风格，即意味着遇见什么人，说什么样的话，这主要在文学文体中有着明显的体现。

3. 作家个人的写作风格

译文也应该展现原作者的风格，有些作者凸显简洁，有些作者要求庄重，有些作者要求华丽，等等。因此，在翻译时，译者应该将其凸显出来。

二、文化翻译的策略

如何处理翻译中的跨文化障碍是跨文化传播视域下翻译的一个重要问题，合理的翻译策略会使翻译变得简单。从文化角度而言，翻译策略中比较有影响力的是"归化"和"异化"。但是，在具体的翻译活动中，译者要灵活使用两种策略，当然可以综合使用。下面介绍跨文化传播视域下翻译的具体策略。

（一）音译策略

有些源语文化中特有的物象在译语中为空缺或者空白。此时仅能用音译法将这些特有的事物移植到译语中。这样不仅保存了源语文化的异国情调，而且吸收了外来语，丰富了译语语言的文化。例如：

People considered that what he had played on that occasion was no more than a Judas kiss.

人们认为他在那种场合所表演的不过是犹大之吻。

《新英汉词典》将 Judas kiss 翻译成"奸诈，口蜜腹剑，阴险的背叛"。这样意译并无错误，但过于平淡，失去了源语的文化色彩，所以可以将用半音半译的方式翻译成"犹大之吻"更加生动形象。再如：

Trojan horse 特洛伊木马

A Pandora's box 潘多拉盒子

sauna 桑拿浴

hacker 黑客

AIDS 艾滋病

馄饨 Wonton

普洱茶 Pu'er tea

八卦 ba gua

（二）归化策略

所谓归化翻译，是指要求译者在翻译时无限地向目的语读者靠拢，采取目的语读者所习惯的表达方式传达原文的内容。对于那些带有民族文化特色的成语与典故，可采用归化翻译。例如：

Fine feathers make fine birds.

人靠衣装，佛靠金装。

Talk of the devil and he will appear.

说曹操，曹操就到。

归化翻译能使读者产生一种亲切感，读起来舒畅自然。例如，"鸳鸯"如果译为 lovebird 就能给英语读者带来情侣相亲相爱的联想，而译作 Mandarin Duck 则没有这样的效果。再如，将"初生牛犊不怕虎"译为"Fools rush in where angel fear to bead"，就采用了英语语族者的语言风格，显示出向英语读者靠拢的迹象，这样就能够更好地被英语读者所理解。

（三）异化策略

所谓异化，就是要求译者要时刻牢记作者所表达的内容和隐藏的意图，按照源语中被大多数人认可的语言风格重新表达原文的内容。换言之，异化就是将源语文本"原汁原味"地展现给译语读者。

异化翻译的指导思想来源于解构主义，它的代表人物韦努蒂倡导一种"反翻译"的思想，强烈要求译文与原文在风格上的高度相似，并要抵御目标语文化占指导地位的趋势。让目标语读者认识并了解源语文化，才是翻译的终极指导思想。

例如，将 Kungfu 翻译为"中国武术"，将 Fengshui 翻译为"风水"，将"蹦极"翻译为 bungee 等，就是异化翻译的典型例子，这些翻译范例对于英汉文化之间的沟通大有裨益。由于中西文化之间不可逾越的差异，原文和译文往往存在矛盾，如何最大限度地避免矛盾、避免误解，就成为译者选择翻译策略的主要动因。诗歌中特定的历史文化背景成为传递原诗意蕴的最大障碍。例如：

李白《苏台览古》

旧苑荒台杨柳新，菱歌清唱不胜春。
只今惟有西江月，曾照吴王宫里人。

译文：

The Ruin of the Wu Palace

Deserted garden, crumbling terrace, willow green,

Sweet notes of lotus songs cannot revive old spring.

All are gone but the moon o'er West River that's seen,

The ladies fair who won the favor of the king.

该诗含有丰富的文化背景。"台"是古代吴国的宫殿，此处通过描写残破的吴国的宫殿来感慨朝代的盛衰，所以在翻译"苏台"时将其转换成"吴台"，就不会让缺少这一历史信息的西方读者误解。对于"宫里人",译者运用解释性的策略,将其翻译为"受宠的女子"。这两处都对原文进行了变通,而不是直接翻译,这样有利于读者的理解。但是,对于比较容易理解的事物,译者还是选择直译策略。在翻译"旧苑""杨柳""西江月"等意象时,译者的直译策略最大限度地保留了中国文化的特征。

(四)文化对应策略

所谓文化对应策略,是指采用目的语文化中知名的事件、人物等,对源语文化中的内容进行解析与诠释。例如,"梁山伯与祝英台"在汉语文化中是广为熟知的,但是在西方人眼中并不知道二人到底是谁,如果将其翻译成"罗密欧与朱丽叶",那么西方人就知道什么意思了。同样,"济公"与"罗宾汉"的互换也是如此。

例如:

济公劫富济贫,深受穷苦人民爱戴。

Ji Gong, Robin Hood in China robbed the rich and helped the poor.

这是浙江兰溪的济公纪念馆中的一句话,在对这句话进行翻译时,将"济公"翻译成 Ji Gong, Robin Hood in China 就很容易被目的语读者理解,这就是采用了文化对应策略。这样,也很容易让读者融入原作之中,探寻原作的奥妙。

(五)文化间性策略

所谓文化间性策略,是指基于文化间性主义与文化间性观,而逐渐形成的一种翻译策略。在文化间性主义者看来,译者在进行文化翻译时应该保证互惠互补、相互协调的文化关系。不同文化有着明显的差异性,运用文化间性来处理,有助于找寻二者的共性,实现不同文化之间的互动。

作为一名好的译者,他/她应该具备文化间性的身份,将不同文化的组成要素进行内化,同时对不同文化的进步与发展情况持有开放、接纳的态度。在这种文化间性理念的指导下,译者可以更从容地参与到文化翻译实践中,具体而言可以实现两大效益。

第一，译者保持开放的心态，对不同文化进行接纳与包容，从而采用得体的策略与方式对待与处理不同文化。

第二，译者对源语文化进行拓展与开发，在共性思想的指导下，分析与思考源语文化，进而将源语文化推向世界。

从上述定义与理念分析中可知，文化间性是对归化策略与异化策略所存在的极端主义的弱化，同时也是对"信达雅"翻译标准的支持。例如：

原文：天时不如地利，地利不如人和。

译文 1：Sky times not so good as ground situation; ground situation not so good as human harmony.

译文 2：Opportunities vouchsafed by Heaven are less important than terrestrial advantages, which in turn are less important than the unity among people.

显然，原文是一则典故，意思是在战争中，气候条件十分重要的，地理形势也十分重要，但是相比二者，人心所向才是最为重要的。对于这则典故的翻译，译文 1 是很不负责任的，属于乱译，而译文 2 则根据文化间性理论，进行了恰当的翻译，且容易让读者理解与把握。

（六）不译策略

与传统的直译、意译等策略相比，不译策略更加比较省时、省力，且能让目的语读者更容易理解和把握。在文化翻译中，译者应该对这一方法进行恰当的运用，从而更好地促进两种语言与文化的发展。例如，iPad 就采用零译法，直接用 iPad 来表明，不仅能够准确理解原本的科技术语，还能有助于目的语读者接受该事物。再如：

IT 信息技术

DVD 激光视盘

DNA 脱氧核糖核酸

CEO 首席执行官

VIP 重要人物，要客

VS 对阵

HR 人事部门

FAX 传真

B 超 B 型超声诊断

EQ 情商

需要说明的是，在音、译归化、异化、文化对应、文化间性、不译六种文化翻译策略中，归化策略与异化策略仍旧占据主导地位，但也呈现对立统一的情况。归化策略的运用是译者为了对译语读者进行照顾，在翻译时偏向译语读者；而异化策略的运用是译者为了对源语文化进行照顾，在翻译时倾向于源语文化。在具体的翻译实践中，译者需要把握好度，恰当选择合适的翻译策略，否则就会走入极端。当然，如果这两种策略无法解决具体的文化问题时，那么译者就考虑运用其他因素。

第四章 物质文化英译

第一节 服饰文化英译

服饰既是一个人审美的表现，也反映了一个人的文化修养，通过服饰我们也可以看出一个人对生活、自己以及他人的态度。同时，在物质文明、精神文明和文化素养等方面，服饰也是一个民族在以上三个方面的综合体现。由于不同民族，不同国家历史、地理等因素的差异，中西方服饰文化也是风格迥异。

在一些人看来，服饰的款式或者样式就是服装的造型。然而，造型和式样实际是两种完全不同的概念。它们之间既有区别又有联系。通常，服饰造型一般指服饰的外形轮廓，例如，不同风格的服饰——宽松式的 H 形服装以及紧身式的 X 形服装，在现代都比较流行；而服装的式样涉及的内容就比较多，比如，除外形轮廓外，还包括内部衣缝和组合。因此，一般认为，式样是包含造型的。

此外，在结构方面，中西方服饰的造型也各不同。有人认为，中国的传统服装属于平面的维度，就像普通平面画，而西式服装被认为是立体的维度，就好像雕塑一般，这种比方大体可以说得通。因为中国的服饰更侧重于平面的二维效果，不够重视侧面结构的设计。相反，西式服饰追求服装的三维效果、人体结构特点以及人体运动规律的适应性。因此，因为不同的造型和不同的式样，中西方服饰在全世界范围内被不同的群体所青睐。因此，在翻译中西方服饰及文化时就要采取一定的翻译策略体现各自的独特之处。

例如：原文：窄窄的袖口里垂下一条雪青洋绉手帕，下身上穿着银红衫子,葱白线镶滚,雪青闪蓝如意小脚裤子。

译文:She wore a pale pink blouse over narrow mauve trousers with a flickering blue scroll design and greenish-white incense-stick binding. A lavender silk crepe handkerchief was half tucked around the wrist in one narrow blouse sleeve.

分析:原文对服装和配饰的刻画十分细腻。银红色的手帕和闪亮的蓝色长裤,把人物的衣着打扮刻画得十分生动。通过服饰的刻画,使人物形象更加生动丰富。这里的服饰描写的是"雪青洋绉手帕",翻译过来就是"lavender silk crepe hand kerchief"。雪色为浅紫色,绉绸是一种丝绸面料,非常薄而柔软,略带自然皱纹,译文中有"lavender""silk"与手帕的颜色和材质相对应,并加了"crepe",以表达服饰面料的独特之处。在翻译的过程中,服装文化充分体现了其保留的特色。在服饰文化翻译实践中,从源语文化向目的语文化传递信息的过程中应力求"信",即翻译的"等价性"。

曹七巧穿的是"银红衫子"。"银红"是用银色的朱砂和粉红色的颜料混合在一起的颜色,给人的感觉是一种高光鲜艳的红色,是典型的中华传统颜色名称。而将"银红衫子"译为"pale pink blouse",并没有表现出银红的光泽。笔者认为可以译为"bright pink blouse"。"银红衫子"作为一种文化典范的服装,在翻译过程中可以充分保留"银红"这样的翻译。这种译法的运用,突出了这一时期曹七巧华丽精致、色彩鲜艳的服饰与她悲惨命运的对比。

一、西方服饰的造型特点

(一)结构方面

从局部结构上看,西式服装的祖传领子和轮式百褶领设计在服装中得到了广泛的应用。大多数西方服饰比较偏爱衬垫的形状,经常用衬垫来衬托或支撑,如垫袖、垫肩、垫胸、垫臀等。轮式百褶领的制作方法就是类似的做法:先裁好布料的尺寸,然后反复熨烫形成连续的裙褶,一般裙撑会用细金属做支撑。西式服装的肩部装饰多种多样,形状各异。袖子的样式也有半腿袖、主教袖等不同的样式。

(二)形体方面

西方古典服饰比较注重侧面,设计的特点是利用侧面展开,肩部的轮廓以及各种领型、袖子、裙架等样式多样。如领型有硬领和轮领,袖子的样式有膨胀袖,臃肿的裙架配有重叠的花边、粘贴的纱线以及服装各部位的衬垫。西方服饰给人的感觉是比较夸张、外露,这和西方人丰盈的体态有一定的关系,西方人的性格比较热情、奔放,身材高大、挺拔,因此,服饰也要符合体态特征。

(三)装饰性方面

西方服饰一般采用立体结构设计,为的是增加西方服饰的立体感。设计师会采用一些具有立体感强的物品来增加效果,例如流苏、荷叶边、褶皱、结子、金银带、剪裁等,这样可以从整体上修饰服饰,用来突出空间感和立体感。在西方服饰设计初期,很少用一些装饰品如花卉、花边等来增加西方服饰的效果,因为,这些装饰品对丰富服装的表面效果基本不起什么作用。洛可可时期,有些服装开始大量使用立体花饰的装饰。选择立体花饰装饰西式服装有两个原因:一是为达到自然协调的效果,立体装饰可以和立体结构的造型相呼应;二是符合人们的审美心理。

二、中国服饰的造型特点

中华传统文化讲究和谐,强调平衡与统一、对称与协调,这在中国服装的造型中也有所体现。中国服饰的特点是造型规则、美丽且流畅。同时,中华传统文化内涵丰富,抒情占据艺术的绝大部分,中国传统服饰体现的文化元素具有文化品位,也有精神寓意。总的来说,以下几个方面体现了中华服饰的特点。

(一)结构方面

中国传统服饰如长袍、衬衫、上衣等,大多采用平直的裁剪方式。

中式服装没有肩部和袖口，只用一条连接线连接袖子的底缝与侧边下摆，结构不如西方服饰复杂，具有伸缩性，也就是说，整件衣服是可以平铺展开在平面上。中式服装从局部的结构来看，领子的类型比较多，比如V领、对角线领、直立领、大立领、立领、琵琶领等，以上都具有浓厚的东方特色。为了表现中国服饰的特色，设计师经常采用中国服饰的结构设计特点，最典型的是中式领口和下摆两侧的缝隙。

（二）形态方面

传统的中式服装有一种垂直的感觉。衣服从衣领处自然下垂，不夸张地露出肩膀，袖子与手一样长，袍子和裙摆呈圆筒形。为了表现修长的身形，衣服的线条装饰大多是垂直下垂的。亚洲许多国家的服饰也受到中国古代服饰特点的影响。清代的服装特点是衣服的尺寸一般比实际的身材尺寸要大，袖子和下摆向外展开。清代女性服装以旗袍为主，衣身普遍比较修长，因为东方人身材比较娇小，因此中国传统服饰这样的设计给人一种修长的感觉，弥补了感官错觉，从视觉上实现了完美与和谐身体比例。显现修长身材的中式服装让中国人看起来很优雅。同时，服装的扁平化造型与中国人脸部的柔和轮廓相协调。

对于中华服饰的翻译，也要注重其文化特点的翻译。例如，《红楼梦》第三回中，宝玉出现，第一次见到黛玉，作者两次描述了他的装扮。第一次，"头上戴着束发嵌宝紫金冠，齐眉勒着二龙抢珠金抹额，穿一件二色金百蝶穿花大红箭袖袍，束着五彩丝攒花结长穗宫绦，外罩石青起花八团倭缎排穗褂，登着青缎粉底小朝靴。面若中秋之月，色如春晓之花，鬓若刀裁，眉如墨画，脸若桃瓣，目若秋波。虽怒时而若笑，即瞋视而有情。项上金螭璎珞，又有一根五彩丝绦系着一块美玉"。

事实上，贾宝玉当时的服饰极为讲究，在装饰细节上也是别有用心，为的是体现奢华、尊贵的地位。例如，他的头饰"紫金冠"，从额头上"二龙抢珠金"到"五彩丝攒花结长穗宫绦"，每一处都是栩栩如生、细节设计精巧。根据清代史料记载，贾宝玉的袍子的整体设计和记载的内容相符，但袍子上的花纹的细节却表现出了女性的柔美、妩媚，某种程度上具有女性化倾向。如"大红箭袖""金百蝶""花八团倭缎排穗褂""青缎粉底小朝靴"等。这些服饰的细节也突显了贾宝玉在贾家当时的特殊地位,被娇生惯养和宠爱,受到全家人的喜爱,尤其是贾母,这也为后来贾母和贾政因管教宝玉的方式不同而产生的矛盾埋下了伏笔。

根据当时的社会背景,社会贵族在正式场合为了显示尊贵的地位,对着装有一定的要求,宝玉所穿的礼服是清初贵族正式场合的礼服形式。这一服饰特点也符合要求。例如,"八团"在《清稗类钞·服饰》中曾记载:"补褂之外,又有所谓八团者,则以绣或缂丝,为彩团八,缀之于褂。"宝玉衣服上加绣八组,名"上花",这与故宫博物院收藏的一件朝代长袍"上花"的制作工艺几乎是一脉相承。下面是杨宪益和霍克斯的译文:

杨宪益译:He had on a golden coronet studded with jewels and a golden chaplet in the form of two dragons fighting for a pearl. His red archer's jacket, embroidered with golden butterflies and flowers, was tied with a colored tasseled palace sash. Over this he wore a turquoise fringed coat of Japanese satin with a raised pattern of flowers in eight bunches. His court boots were of black satin with white soles.

His face was as radiant as the mid—autumn moon, his complexion fresh as spring flowers at dawn. The hair above his temples was as sharply outlined as if cut with a knife. His eyebrows were as black as if painted with ink, his cheeks as red as peach—blossom, his eyes bright as autumn ripples. Even when angry he seemed to smile, and there was warmth in his glance even when he frowned. Round his neck he had a golden torque in the likeness of a dragon, and a silk cord of five colors, on which hung a beautiful piece of jade.

霍克斯译:The young gentleman who entered in answer to her unspoken question had a small jewel—encrusted gold coronet on the top of

第四章 物质文化英译

his head and a golden headband low down over his brow in the form of two dragons playing with a large pearl.

He was wearing a narrow-sleeved, full-skirted robe of dark red material with a pattern of flowers and butterflies in two shades of gold. It was confined at the waist with a court girdle of colored silks braided at regular intervals into elaborate clusters of knot work and terminating in long tassels.

Over the upper part of his robe he wore a jacket of slate-blue Japanese silk damask with a raised pattern of eight large medallions on the front and with tasseled borders. On his feet he had half-length dress boots of black satin with thick white soles.

As to his person, he had a face like the moon of Mid-Autumn, a complexion like flowers at dawn, a hairline straight as a knife-cut, eyebrows that might have been painted by an artist's brush. A shapely nose, and eyes clear as limpid pools, that even in anger seemed to smile. As they glared, beamed tenderness the while.

Around his neck he wore a golden torque in the likeness of a dragon and a woven cord of a dragon and a woven cord of colored silks to which the famous jade was attached.

在贾宝玉的这一段描述中，涉及了满族服饰的描述，如冠、额头、箭袖、袍、裙、靴等。除了对此类的描述和翻译进行的探讨，以下部分主要结合满族服饰文化进行分析。

满语中，箭袖称"哇哈"，箭袖是满族长袍中很有特色的一种袖子。在满族男子的长袍和上衣的袖口上，大多都有这种箭袖，即在本来就很窄的袖口处。在箭袖的正面，套上直径大约为半尺半圆形的袖子，形状类似"马蹄"，所以又称"马蹄袖"。箭袖特别适合北方冬季骑马时候穿着，由于要进行长期的狩猎生活，都要用箭套套住手背。这种形式在北方农村的箭袖上还能看到，尤其是年长的旅行者，更多的是用这种形式。

随着满族生活环境的不断变化，袍子上的箭袖随着弓箭的样式逐渐开始衰落，出现了"退化"和"减少"的趋势。如果是一般的日用礼服，就不需要镶嵌箭袖，而使用平袖。但还有一部分满族人做礼服时仍做一些箭袖的袍子以显示他们的身份和地位。通常袖子都是卷起来的，一旦遇到行礼，就会迅速"打袖子"，这就是满族的"放哇哈"，这个动作是行半礼或满礼的意思。清朝在北京建都后，这种礼节不但属于满族的礼节，汉族也有这种礼节。满族人虽然平时穿平袖长袍，但如果在重要且正式的场合，为了表示庄重和礼貌，他们仍然要换上箭袖长袍。

从以上分析，可以看出《红楼梦》中宝玉在刚出场时表现出的贵族气质，例如"大红箭袖袍"，体现了满族的服饰传统。杨宪益译本中的"archer"一词用来表达"箭袖"的意思。在《当代英语朗文词典》中，"archer"被解释为"a person who shoots arrows from a bow, either as a sport or in war"，即"弓箭手"，这里就很容易引起误解，认为是弓箭手所穿的箭袍。而霍克斯的翻译与原文有所不同，他对于"箭袖"的翻译是"narrow—sleeved"，"narrow—sleeved"指的是"窄袖"，并非满族人的服装。所以这两种译法会使读者对于"箭袖"的理解在意象与原文的理解上产生误解，应该说对原文的翻译并不妥当。笔者认为，"箭袖"在英文中没有对等的意思，只能翻译成意大利语中的"projecting U—shaped cuff"。

第二节　饮食文化英译

中国是一个有着五千年历史的文明古国，自 1978 年改革开放以来，中国与外界的交流越来越频繁。自 2008 年 8 月中国成功举办第 29 届奥运会，2010 年世博会在中国上海举办以来，越来越多的外国友人开始关注中国。中华美食凝聚着中华传统文化的精髓，体现了中华民族的智慧之光。要向世界传播中华文明，饮食文化应占据重要地位；要向世界

第四章 物质文化英译

推广中华饮食文化，中华菜名的翻译不可忽视，这对弘扬中国饮食文化具有重要的现实意义。

中国菜名的英译问题是一项应该引起重视的跨文化交流工作。因为菜名英译不仅是餐饮业用来交流的语言媒介，也是让世界了解中国文化的一张名片，传播中华饮食文化的重要载体。然而，目前中餐菜名的英文翻译还存在很多问题，需要规范。早在1990年，刘增羽先生就曾强烈建议成立中华食品名称英文译名审定委员会，北京以奥运会为契机，颁布了《中文菜单英文译法》，规范了菜名的英文翻译，这是对中华菜名英文翻译的有益探索。

对于艺术菜名的翻译，译者同样需要对目标读者的期望值做一个评估。对于西方人来说，他们最希望了解菜品的基本信息，如烹饪方法、配料、口味等。而根据他们的认知环境，他们希望翻译出来的菜名能够简洁、清晰、易懂。但是，汉语艺术化的菜名涉及很多形象化的元素，如果按字面意思翻译，会引起外国读者的误解。因此，在这种情况下，在翻译这类菜名时，译者可以删去形象化的词语，只翻译关键的信息即可。

如：醋熘（辣）白菜

starch—coated quick—fried Chinese cabbage with vinegar (hot pepper)

干炸丸子 deep—fried meat balls

红烧肘子

braised (or red stewed) pork leg (upper part of pork leg) in brown sauce

软炸里脊 soft—fried pork fillet

油熘里脊 sauté fillet with white sauce

瓤冬瓜 stuffed—steamed white gourd

红烧扣肉 braised sliced pork in brown sauce

红烧羊肉 braised mutton in brown sauce

葱爆羊肉 stir—fried mutton slices with Chinese onion or green scallion

烤羊肉串 mutton shashlik

炸鸡卷 fried chicken rolls

糖炒栗子 roasted chestnuts in sugar—coated heated sand

红扒鸡（鸭）braised chicken (duck) in brown sauce

红烧全鸡 braised whole chicken in brown sauce

口蘑蒸鸡（鸭）steamed chicken (duck) with truffle (fresh mushrooms)

清蒸全鸡（鸭）steamed whole chicken (duck) in clear soup

清蒸鲤鱼 steamed carp

砂锅鸡 cooked chicken in casserole

炸鸭肝（胗）deep—fried duck liver (gizzards)

红烧松鸡 braised grouse in brown sauce

炒山鸡片 sauté pheasant slices

翡翠虾仁 stir—fried shrimps with peas

芙蓉鸭 sliced duck with egg white

蟹黄珍珠羹 crab roe and corn soup

金丝虾球 lobster ball in toffee

金汤水煮鮲鱼 stewed mandarin fish in pumpkin soup

松鼠鳜鱼 sweet and sour mandarin fish

金丝虾球 braised shrimp balls

翡翠羹 vegetable soup

狮子头 meatball

在菜名翻译中，译者的责任不仅仅是传达出菜品的真实信息，更重要的是传达出菜名背后的中国文化。要想让外国顾客对菜品有一个清晰的认识，体会到中华饮食文化之美，仅靠翻译是不够的。众所周知，艺术化的菜名与中国文化有着密切的关系，比如有些菜名与典故、吉祥的表达方式等有关。如福、财、寿、爱、团圆等与吉祥相关的名字，都体现在菜名中。如果我们只从字面意思上翻译这些菜名，只传达烹饪方法、食材等，就无法体现真正的文化内涵。众所周知，中西方文化在很多方面存在着差异，例如生活方式、价值观、思维方式等。对于具有丰富文化内涵的艺术菜名，如果没有相关的解释或注释来扩大目标受众的认知语境，直接翻译出来的艺术菜名是无法被目的语受众正确理解的。这些艺术菜名中所承载的文化内涵对于中国读者来说是熟悉的，而对于不了解中国文化的读者来说却是陌生的。这就造成了原作者与目的语受众之间的认知环境的巨大差异。在这种情况下，译者通过提供一些相关的解释，扩展了目标受众的认知环境。例如，全家福就是用各种肉类、海鲜、蔬菜做的一道菜。

"全"字表示做这道菜的原料多，"福"字表示祝福。这就是菜名背后的两个方面的交际用意。毫无疑问，如果直接翻译这个名字，而不额外说明烹饪方法和配料，外国读者会因为在自己的认知环境中对其知之甚少而感到困惑。而如果去掉了美好的期待的表达，那么这个名字就会缺乏中国文化特色，变得不那么生动。因此，译名不仅要传达出菜品的吉祥寓意，还应该通过添加说明的方式提供一些基本信息，如烹饪方法、配料等，使之成为菜品的基本信息。

例如：

饺子 jiaozi or dumplings

蒸饺 steamed jiaozi or steamed dumplings, or ravioli

馄饨 huntun, yuntu, mini jiao zi served in soup

游龙戏凤

dragon plays with phoenix in harmony — stir — fried prawns and chicken, dragon and phoenix are auspicious creatures in China

连年有余 lots of good wishes—lotus roots and fish

发财鸡卷 wealth chicken rolls—fried chicken rolls with black moss

松鹤延年 longevity dish — sauté chicken breast with egg — white and cucumber

再比如，大多数与中国民间节日名称相关的菜名多采用音译和解释相结合的方法：

粽子 zongzi（traditional Chinese food made of glutinous rice with different stuffings）

汤圆 tangyuan（sweet dumplings made of sticky rice flour served in soup）

馕 naan（a leavened，oven－baked flat－bread）

油条 youtiao（deep－fried dough stick）

肉夹馍 roujiamo（Chinese hamburgers）

咕噜肉 gulaorou（sweet and sour pork）

泡馍 paomo（originated from the baked buns）

馒头 mantou（steamed buns）

中餐的翻译规则如下：

1. 以主料的翻译为主，配料翻译为辅

（1）主料＋配料主料＋with＋配料

如：辣子鸡丁 saute diced chicken with hot peppers

（2）主料和配汁主料＋with/in＋汤汁

如：回锅肉 saute pork in hot sauce

2. 对烹制方法翻译为主，原料翻译为辅，方法＋主料做法（动词过去分词）＋主料

如：木须炒肉 saute shredded pork with eggs & black fungus

3. 做法、主料＋配料做法（动词过去分词）＋主料＋配料

如：韭菜炒蛋 saute leek sprouts & eggs

4. 人名＋地名的翻译为主，原料为辅

如：麻婆豆腐 stewed bean curd with minced pork in pepper sauce 广东香肠 Guangdong sausage

5. 体现中华餐饮文化，使用汉语拼音命名或音译的翻译原则

（1）用汉语拼音翻译具有中华特色的传统美食

如：麻团 matuan 汤圆 tangyuan 米糕 migao 馅饼 xianbing 烧麦 shaomai

（2）用地方方言或音译拼写的菜名

如：豆汁儿 douzhir（fermented bean drink）豆腐 tofu

小窝头 xiaowotou（steamed corn bun）沙琪玛 saqima

饽饽 bobo（steamed）bun

（3）使用汉语拼音翻译某些做法及主配料，而后标注英译。

甑糕 zenggao（steamed glutinous rice with rose jam）

乳扇 rushan（cheese in Dali style）

八宝粥 babaozhou（eight treasure congee）

窝头 wotou（steamed corn bun）

蒸饺 steamed jiaozi（steamed dumplings）

大救驾 dajiujia（fried rice cake slices in Yunnan style）

烧饼 shaobing（baked wheat roll）

米线 mixian（rice noodles）

艾窝窝 aiwowo（steamed rice cakes with sweet stuffing）

第五章 生活文化英译

第一节 茶文化英译

中华传统文化具有复杂性和多元性，发展和包容了许多文化分支，形成了自己的核心理论，茶文化是其中一个分支。茶文化历史悠久，我国也是最早的茶叶种植、生产国家之一。与茶叶相关的名词及其来源都有特点和典故，且具有地方特色。茶叶相关名词通常包括有关茶叶外观、茶叶加工、茶叶种类等相关名词。这些名词如果译者按其字面意思翻译很容易让人产生误解。

一、形状的翻译

与茶叶形状相关的名词很多，如蜻蜓头、蛤蟆背、叶底、叶面、叶缘、中茶等，其特点也不尽相同。译者在翻译这类术语时，需要对茶叶的形状有一定的了解，如要对叶底、叶面、叶缘等词进行翻译，就必须了解这些词分别指的是茶叶经过反复冲泡、品饮后充分展开的"茶渣"、"茶叶的表面"和"茶叶的边缘"。

茶的种类很多，茶的名字因其起源和形状而不同。很多茶的名字在《续茶经》和当代茶书《东方魅力——品味中华茶文化》中都有收录，其中大部分包含隐喻，如龙团、凤饼、御苑玉芽、蟹眼、雀舌、碧玉池、六安瓜片、安化松针、信阳毛尖等。这些隐喻是用来描述茶的外表的，因此语义翻译是用来传达具体的意义。

茶叶在加工成成品时，根据外表大致可以分为几个品种，即未精制茶、散茶、动力茶和结块茶。在宋代，朝廷要求用"龙"和"凤"的图案来鉴别贡茶。"龙"和"凤"是皇室的象征，因此"龙团"和"凤饼"被翻译成"七龙珠"和"凤凰蛋糕"，以此来表示其皇朝地位。虽然茶名的翻译没有统一的标准，但在汉语中，茶名的命名总是有其标准和程度。当我们走进茶馆的时候，我们常常会被各种形状和颜色的茶所吸引，同时也会对它五花八门的名字感到好奇。一般来说，命名倾向于考虑这些原则：茶的形状、茶的产地、茶的制作方法、茶的颜色、茶的香味和味道。茶的名称中有一部分是修辞性的表达，如暗喻、转喻、夸张等。翻译各种各样茶的名字是一个棘手的问题。

有些茶的名字是根据叶子的形状、颜色和纹理，或者是状态和声音来命名的，运用隐喻是这些茶名的显著特点。

茶的名称，例如：

六安瓜片 Lu'an guapian（melon seed from Lu'an County）

信阳毛尖 Xinyang maojian（fur tips from xinyang）

麦颗 maike（wheat grain）

壶蜂翅 hufeng chi（bee wing）

安化松针 Anhua songzhen（pine needles from Anhua）

虾须 xiaxu（shrimp whisker）

一旗一枪 one flag plus one spear

雀舌 queshe（sparrow tongue）

两部茶典《茶经》及其《续茶经》中对茶有许多生动的描写，包括采摘的茶叶、干茶叶、茶点、茶水等。下面是一个典型的例子，用来描述茶叶外表的多样性。

例如：茶有千万状，卤莽而言，如胡人靴者，蹙缩然；犎牛臆者，廉襜然；浮云出山者，轮囷然，轻飙拂水者，涵澹然；有如陶家之子罗膏土，以水澄泚之；又如新治地者，遇暴雨流潦之所经。此皆茶之精腴。有如竹箨者，枝干坚实，艰于蒸捣，故其形籭簁然；有如霜荷者，至叶凋，沮易其状貌，故厥状委萃然，此皆茶之瘠老者也。

译文：The surface of caked tea could take on thousands of different looks. Here is an inkling of their colorful appearances: Some crease like the Tartars' leather boots, others curl like buffalo's dewlap. Some unfold like a cluster of floating clouds from behind mountains, while others ripple almost audibly like a river being fondled by a breeze. Some look sleek and silky like pottery clay finely sifted and pasted with water, yet others feel rugged and rough like newly cultivated field eroded by pouring rains. All these are good teas in most cases. Some tea leaves are tough as bamboo sheaths with stiff stalks, making it hard to get them thoroughly steamed and finely pounded. The exterior of tea—cakes made of such leaves may often end up poriferous and netty like a coarse sieve. Some tea leaves are withered and blighted like frost—bitten lotus. Tea—cakes made from such baggy leaves would be sapless and shabby. Obviously, they fall into the category of inferior tea.

这一段详细地描述了茶饼和茶叶。原文采用非常形象的语言来描述茶，用了六个"然"和五个"如"。为了保持语言的形象性，译者使用了比喻的修辞手法。这些明喻使人们对茶叶的形状和茶点的外观有了更生动、更清晰的印象。即使在今天，这些生动的描述仍然被茶叶制造商或经销商引用，以吸引茶爱好者或潜在的客户，它已经成为茶文化的一部分。

在翻译中国茶文化的过程中，译者基于茶文化的一定特征，不仅要保持源语言特点，也要考虑目的语的文化习惯和思维方式，以减少翻译的误解。在翻译的过程中，译者根据具体的情况和语境，采取适当的翻译策略，忠实地传达原作的文化信息，使译文充分体现中华茶文化的魅力。毫无疑问，转喻是一种普遍现象，它深深根植于人们理解和组织经验的思维当中。转喻是一种修辞手法，它是用一个事物的名字来代替另一个事物的名字。这个被转换的名称可能是另一个事物的属性，或者与之密切相关。换句话说，它涉及"改名换姓"，这个替代的名字暗示了这个东西的意思。用转喻来给茶命名是一种普遍的现象。一般来说，转喻有四种命名方法。它们是产地、采摘时间、典故和传说、加工方法和颜色。

例如：西湖龙井 xihu longjing 雨前 yuqian pre－grain 大红袍 dahongpao 绿色（烘青）bamboo－baked

问题是如何用更好的方法翻译茶的名字，所谓直译并不一定是逐字逐句的，一个字也不能少，要力求再现整个文学作品的思想内容和风格，就要尽可能保留修辞手法和主要句式或句型。直译既能保留源语言的表达，又能真实地传达目标语言的文化信息。

例如：Some of these tea bowls were intended to rest in elevated tea stands called tenmoku－dai. Stands or daises were built as one piece and consisted of a saucer like base with a raised ring in the center into which the tea bowl was set and securely held in place.

译文：有些天目盏需置于加高的茶（又称天目台）上。茶台浑然一体，含一碟状底座，底座中央有一凸起的圆圈可承托茶碗，使茶碗保持平稳。

分析：上文里的文化负载词反映了一个民族在漫长的历史中形成的不同于其他民族的生活方式。它是指某些文化中的特定事物的单词、短语和习语。在这个例子中，"tea stands"、"base"和"ring"都是文化负载词。在翻译中国文化负载词时，译者首先要透彻地理解其含义，然后才能进行正确的翻译。因此，为了达到词汇与功能对等，译者要保证译文的正确性，进行反译法，以确保译文翻译得更加专业化。

此外，上文里"tenmoku－dai"的翻译是"天目台"，译者将"tea stands"翻译成"茶台"。但通过搜索资料后，发现"茶台"实际上意味着"茶几"，这就远离原文意义。所以在互联网上搜索找到更多的关于 tenmoku－dai 的信息，发现翻译"茶台"应更正为"盏托"。再者，译者分别把"base"和"ring"翻译成"底座"和"圆圈"，这是正确的，但缺乏专业性。事实上，"base"和"ring"这两个词是由中文翻译而来的，它们有自己的中文术语名称。因此，译者将"base"分别回译为"盏座"和"托圈"。

再如：Tea bowls still required bowl stands for elevating the cup and to give the bowl a stable base on which to rest. Early tea bowls were often made with a narrow foot and were sometimes unable to stand on their own without tipping over.

译文：茶碗需要一个脚来添加高度，并提供稳定的底部支撑。早期的脚通常是如此狭窄，有时茶碗不能独自站立，即使它没有翻倒。

在翻译这句话时，字面上"to stand on their own"翻译成"独自站立"。然而，这样很难被读者理解。再分析句子，译者发现源文本使用动词"stand"代表"茶碗"。然而，在中国"站立"很少被用来描述茶碗。在这里，"to stand on their own"实际上意味着"茶碗可以保持平衡而不会翻倒"。因此，译者采用意译的方法，即将"to stand on their own"翻译成"保持平稳"。

二、颜色的翻译

茶也可以根据成品的颜色命名，如龙团胜雪、白茶、御苑玉芽、紫琳腴、紫绒等。上面提到的茶的名字，将音译和语义翻译结合起来，被翻译成 longtuan shengxue、dragon ball snowy white、white tea、imperial palace jade bud、purple chubby jade 和 purple velvet，使外国读者能更准确地了解中国茶的外表。再如"金英"和"绿片"被翻译为 jinying (golden essence) 和 lü pian (green flake) 来描述茶叶的颜色。"石乳"和"蜡面"被翻译成 shiru (rocky milk) 和 lamian (waxy surface) 来描述茶叶结构。

例如：欲试茶，色呈黄白，岂容让青花乱掺杂之。

译文：When implementing tea ceremony and tea infusing, how can we permit bluish cups to mess up the milky and amber beauty?

三、茶的制作

茶在中国古代文人雅士中开始流行，茶的味道纯正，所以他们注重茶的原汁原味。与此同时，普通百姓用橙皮和姜煮茶，甚至把茶倒进黑褐色和黄褐色的碗里，导致茶色和茶味的消退。如果把这种烹煮的茶的颜色单独翻译成"white and yellow"可能不太准确，作者选择了"乳白色和琥珀色"。因为在中国古代，大部分的茶都是用荷叶代替茶叶，用开水冲泡而成，所以看起来可能像纯牛奶一样白，所以，这种译法传达了更准确的意思。

例如：蒸茶，须看叶之老嫩，定蒸之迟速，以皮梗碎而色带赤为度。

译文：If steaming is required, the length varies depending on how tender or tough the buds are. It is regarded as good timing when the stems begin to tatter and the tea color appears reddish.

事实上，蒸的时间应该取决于这些嫩芽的软硬程度。当茶茎开始碎裂，茶的颜色呈现出红色时，这意味着蒸制过程已经完成。本案例运用语义翻译的方法，以一种简单直接的方式表现出蒸的过程和茶的颜色。

例如：僧拙于焙，既采则先蒸而后焙，故色多紫赤。

译文：Good as the strains are, the maladroit treating by the monks discredit them. Having been huddled back, the tea is curtly steamed and parched, resulting in a product in a purple brownish shade.

上面译文中采用了颜色词"赤"，然而，它们被翻译为"红色"和"褐色"。这种调整是根据茶叶在泡茶过程中呈现的颜色进行的。因此，运用语义翻译策略来描述茶叶在烘烤过程中所呈现的事实和颜色，这样的基于现实的调整是恰当的。

四、茶的分类

茶的分类根据产地、加工方法、生长环境等多种方法划分，例如：按发酵程度不同分为不发酵茶、半发酵茶、全发酵茶、生发酵茶；按茶的氧化程度划分为绿茶、黄茶、青茶、白茶等。许多茶诗也使用了形容颜色彩色的词语来描写茶。如皮日休的诗：

茶中杂咏·茶灶

〔唐〕皮日休

南山茶事动,

灶起岩根傍。

水煮石发气,

薪燃杉脂香。

青琼蒸后凝,

绿髓饮来光。

如何重辛苦,

一一输官梁。

译文:

Miscellaneous poems about Tea——Tea Baker

Pi Rixiu (Tang Dynasty)

Processing tea by the southern hill,

A range on rock requires unique skill

Rill bubbles mingle scent of moss,

Wood flames licks rosin to distill.

Steaming until the jade tea curdle,

Green cream dyes on wok and grill.

Gleaming more are sweats on brows.

To grandees' cups the gems finally fill.

茶中杂咏·茶焙

〔唐〕皮日休

凿彼碧岩下,

恰应深二尺。

泥易带云根,

烧难碍石脉。

初能燥金饼,

渐见干琼液。

九里共杉林，

相望在山侧。

译文：

Miscellaneous poems about Tea——Tea Hearth

Pi Rixiu（Tang Dynasty）

A base is dug by a verdant slope,

Two chi under make a proper scope,

A flue plastered for puffing smoke,

Clay tight baked to end water grope.

Heated, green cakes grow blond.

Jade sap oozes to a golden pond.

"Nine—Mile" sits on "Fir Hill" side,

Winking in blush gentle and fond.

第二节 酒文化英译

在人类发展历程中，中华大地成为酒文化的发源地，并开始延续传承。中国的酒文化历史悠久，无论是在民俗风情，还是文学艺术，或者是文化娱乐、养生保健等方面，酒文化都渗透在了中国人的生活中。重大节日的庆祝总不能缺少饮酒活动。例如，人们在欢度端午节时会饮用雄黄酒，目的是驱邪避祸。在庆祝最隆重的春节时，也有在年夜饭时喝酒的习俗；除此之外，还有中秋节的赏月酒等。中国酒文化也渗透在了社会文化中，不同的场合也有不同的酒文化，例如结拜酒、庆功酒、喜酒以及满月酒等。

中国人的酒文化除体现在社交场合的习俗之外，在酒席上喝酒的好客程度也是别有特色。因为在中国人看来，除了平时生活中的交往，酒桌上的感情交流也很重要，特别是在敬酒的时候，这种感情可以得到升华。晚辈向长辈敬酒、下属给领导敬酒、男士向女士敬酒等，都是借以表达一种情感。

中国酒的分类也比较多，一般根据酿造工艺、原材料以及颜色、香味等因素进行分类，不同的种类有各自不同的特点。人们根据各类酒品的不同标准会给予不同的诠释，方便人们对酒品进行鉴定、欣赏和饮用。例如，按照颜色的区分，酒可以分为白酒、黄酒、啤酒以及葡萄酒。其中白酒又可按照不同的原材料，分为粮食酒、瓜干酒以及其他原料的白酒，或者按照酿造工艺分为固态法白酒、液态法白酒以及固液结合法；按照酿造用曲的种类又分为大曲法白酒、小曲法白酒以及混曲法白酒；按酒的香型又分为酱香型、浓香型以及清香型等。黄酒的分类如果按原料和酒曲分类，包括糯米黄酒、黍米黄酒、大米黄酒以及红曲黄酒；按照甜度分为干型、半干型、半甜以及甜黄酒。啤酒的分类按照颜色分为淡啤酒、黑啤酒、白啤酒以及浓色啤酒；按照生产工艺分为生啤酒和熟啤酒；按照麦芽浓度的不同分为高浓度、中浓度以及低浓度啤酒。葡萄酒的分类按照颜色分为红葡萄酒、白葡萄酒以及桃红葡萄酒。

在中华五千年的历史文化长河中，酒一直占据着非常重要的地位。无论是精神上的需求还是物质上的需求，酒都是人们饮食中必不可少的东西。自古以来，人们就通过饮酒以求精神上的享受，也常常通过喝酒来愉悦心情以及表达对他人的情感。中国名酒按照地域划分为贵州茅台、五粮液、洋河大曲、泸州老窖、汾酒、郎酒、古井贡酒、西凤酒、贵州董酒、剑南春。尤其是茅台酒，多次在国际展会上获奖，受到国内外朋友的好评。

对于酒的翻译，更是表现出了中华民族的文化特色，酒名多以产地命名，在翻译时，一般可以采用音译法，例如：

茅台 Maotai

贵州醇 Guizhou chun

国窖 guo jiao（The first cellar in China）

泸州老窖 Luzhou lao jiao

剑南春 jiangnanchun

水井坊 shuijingfang

五粮液 wuliangye

北京醇 Beijing chun

绍兴花雕 Shaoxing huadiao

女儿红 nü'er hong

古越龙山 guyue longshan

二锅头 erguotou

牛栏山经典二锅头 niulanshan jingdianerguotou

青岛啤酒 Tsing Tao beer

青岛扎啤/青岛生啤 Tsing Tao draught

燕京啤酒 yanjing beer

雪花啤酒 snow beer

北京生啤 Beijing draught bee

哈尔滨啤酒 Harbin beer

第六章　语言文化英译

第一节　语言与文化

一、语言与文化的关系

文化是指"同一种族的人们共享的一整套行为习惯和生活方式"。文化包含语言，语言作为文化的一部分在文化的沃土里生根发芽。由于不同的文化具有不同的特点，因此，在很多经典著作中，都体现了形态各异的文化特色。语言是人类进行沟通和交流的重要工具。它是由语音、语法和词汇三要素构成的符号系统，同时也是按照一定的语法由词汇形成的语音表达系统。语言产生于人类社会的生产生活中，语言的表达主要为文字、言语、肢体语言等。

语言与文化相辅相成，相互联系、相互影响、相互作用，二者之间的关系可以概括如下：

语言是文化的重要组成部分，是人类文化得以形成的基础，人类通过语言来创造文化，同时语言自身也是人类精神文化的重要组成。

语言是文化的表现形式。人类文化，无论是精神的还是物质的，可以通过口口相传和文字记录而进行传播。语言能够进入文化的各个方面和领域，并互相促进，共同发展。

语言是人类思维的工具。人类之所以被称为高级动物，是因为人类具备思考的本能并能创造出灿烂的文化，而语言则是人类思维的基础。人类通过语言形成对自身和外部世界的认识，并对客观事物进行命名、分类、分析和判断。不同民族对世界的认识不同，因此产生不同的语言运用方法，而语言运用方式的不同则产生不同的思想、思维和价值观念。

语言是维系社会文明的纽带。人类所有的生产、生活活动以及人类社会的运行、维持都需要语言来协调。语言维系社会的存在，促进人类文明的辉煌，语言就是文化的烙印。语言和文化同呼吸、共命运，相互渗透，彼此体现，密不可分。因此，语言就是维系和发展社会文明的纽带。

二、中国的语言文化

语言文化基于文化基础，也是人们最容易理解的文化。人们利用语言进行交流、沟通，领悟彼此在情感、学识等多方面的感悟和看法。因此，传承中国的语言文化是传承中华传统文化的重要部分。

人们交流的方式主要有语言和文字，文字则是语言文化传承的重要手段。文字是不同国家和民族约定俗成的，是用符号记录表达信息的方式和工具。中华传统文化中，诗歌和散文的地位非常突出。其通过充满韵律的文字、意存高远的意境、形象生动的描述和意境悠远的内涵充分体现了中华民族自古以来的精神风貌和优良品质。同时，它们也经受了时间的考验，在动荡之后留存了下来，感染了一代又一代中国人，如今依旧散发着独特的魅力。尤其是近几年，随着电视节目《中国诗词大会》《朗读者》等节目的相继推出，激发了民众对诗词和散文的兴趣，给传统语言文化的传播带来了新的契机。

第二节　古诗词文化英译

一、古诗词中的文化元素

经过5000多年的历史发展，中国文化博大精深，深厚的文化积淀也渗透在中国古诗词中。古诗词是中华民族语言的精华，也是阐述心灵的文学艺术，其不仅读起来音律优美，意境深远，而且情感充沛，想象丰富，能够高度集中反映人们的社会生活和精神世界。唐诗、宋词是中国文学史上两颗璀璨的明珠。唐代被称为"诗"的时代，唐诗是我国珍贵的文化遗产之一。初唐时期的四杰王勃、杨炯、卢照邻、骆宾王，他们的作品雄浑博大，气势恢宏，为唐诗的发展拉开了帷幕；盛唐时期经济繁荣，国力强盛，唐诗发展至顶峰时期，也逐渐出现了不同的派系；中唐时期的前期，唐诗发展处于低潮阶段，后期则又呈现了一番繁荣景象；到了唐朝中后期，王朝开始衰败，但诗歌创作却未因此走向衰落，先后出现了韩愈、柳宗元、李贺、白居易、杜牧等著名诗人。

到了宋代，宋词的创作蔚为大观，涌现出了一大批著名的词人，层出不穷的名篇佳作以各种风格和流派呈现，这标志着宋代文学的最高成就。不同于唐诗，宋词有长有短，便于歌唱，其中家喻户晓的便有苏轼的《水调歌头·明月几时有》，该词既充满了热爱生活的思想情感，又显示了词人开阔的胸襟与远大的志向。同时，浪漫的色彩、潇洒的风格和行云流水般的语言，给人以美的享受，如今被谱写成歌曲后仍然能使人心旷神怡，乐观豁达。

二、文化差异对古诗词英译的影响

古诗词是古代人民生活的真实写照和情感信仰的自然流露，既能表现当时的情境，又能表达人们的真实情感。受传统文化及审美意识的影响，古诗词语言简练，意境深远。中国古诗词语言通过意象、意境等凸显文化，意象传递一直都是古诗词翻译的重点，也是译界研究的难题。意象是一种符号，意象的传达包括声音意象、结构意象、景物意象和人物意象。声音意象给人们丰富的想象空间，让人们能够真正理解和感受美；结构意象是意象的发源地，翻译时不仅要对诗歌的意思进行传达，还要兼顾结构，给人一定的想象空间；景物意象主要指景物描写，它包含了近景、远景、直接描写的正面景象和间接描写的侧面景象，景物包括眼中之景和心中之景；人物意象主要指文学作品中刻画出来的人物外貌、衣着等，不仅可以彰显人物性格，还可以衬托人物思想情感。总之，古诗词简短扼要，文字优美、声韵和谐、节奏明快，意味深长。此外，古诗词的含蓄性、凝练性以及鲜明的节奏感等特点使得古诗词的翻译具有挑战性。中西方世界在生活背景、宗教信仰、语言文化、思维差异等方面有着巨大的文化差异，同样的事物在中西方国家所指差异甚大。例如：

牡丹亭

〔明〕汤显祖

情不知所起，一往而深。

生者可以死，死可以生。

译文：

The Peony Pavilion（Except）

Tang Xianzu（Ming Dynasty）

Love once begun will never end.

The lovers may die for love.

In China，the dead in love may revive.

故事讲的是名叫杜丽娘的多情女子，梦见情人之后就一病不起，亲手描绘自己的画像之后就死了，死后三年，又在冥冥之中遇到她所梦之人而复生。活着的时候可以为情而死，死了又可以为情而复生。中国读者都能明白，此处的"死可以生"并非真正的人死复生。如果直接译成"The dead in love may revive"，西方读者就会非常疑惑"人死如何复生？"译文用增译的方法对信息进行了处理，此处"In China"对"The dead in love may revive"进行了限定，使西方读者明白译文包含中国特色，需要放在中国的文化背景中理解。如同梁祝化蝶、牛郎织女、白蛇传说、孟姜女哭长城等爱情故事一样，并非真正意义上的死而复生，而是指这绝美的爱情故事贯穿了人的前世今生，浪漫凄美，至死不渝。因此，面对文化差异，在诗词翻译中要通过简单的字面翻译而达到深厚的意蕴。透过文字看到本质，对某些信息进行特殊处理，不光可以避免误解，还可以传播传统文化。

例如：

水调歌头·明月几时有

〔北宋〕苏轼

明月几时有？

把酒问青天。

不知天上宫阙，

今夕是何年。

我欲乘风归去，

又恐琼楼玉宇，

高处不胜寒。

起舞弄清影，

何似在人间？

转朱阁，

低绮户，

照无眠。

不应有恨，

何事长向别时圆？

人有悲欢离合，

月有阴晴圆缺，

此事古难全。

但愿人长久，

千里共婵娟。

译文：

Prelude to Water Melody

Su Shi（Beisong Dynasty）

How long will the full moon appear?

Wine cup in hand，I ask the sky.

I do not know what time of year

I would be tonight in the palace on high.

Riding the wind, there I would fly,

Yet I'm afraid the crystalline palace would be

Too high and too cold for me.

I rise and dance, with my shadow I play.

On high as on earth, would it be as gay?

The moon goes round the mansions red

Through gauze-draped windows soft to shed

Her light upon the sleepless bed.

Against man she should have no spite.

Why then when people part, is the oft full and bright?

Men have sorrow and joy; they part or meet again;

The moon is bright or dim and she may wax or wane.

There has been nothing perfect since the olden days.

So let us wish that man

Will live long as he can!

Though miles apart, we'll share the beauty she displays.

  这首词作于丙辰年中秋节，作者喝酒至次日早晨，醉酒后因为思念自己的弟弟，而借明月表达了对亲人的思念和美好的祝愿，也表达了作者乐观的情致和豁达的胸襟。词中的"明月"不被乌云遮挡，是对美好的一种向往，但明月的清辉落下之后更显孤寂，衬托了作者内心的孤独与清冷。中国人自古以来就有"圆月"情结，中秋有祭月、赏月的习俗，就连祭月用的饼都是圆形的。因此，此处的"明月"并非只强调"皎洁明亮"，也有对团圆、聚合的向往。如果将"明月"简单地处理成"clear moon"就偏离了它本身的意蕴，译者最终将"明月"译为"full moon"，体现了中国人在中秋佳节向往团圆的情怀。"朱阁"和"绮户"分别指"朱红色的阁楼"和"雕花的窗户"。"转朱阁，低绮户，照无眠。"意指月亮转过朱红色的楼阁，低低地挂在雕花的窗户上，照着没有睡意的自己。因此，这句被译为"The moon goes round the mansions red / Through gauze-draped windows soft to shed / Her light upon the sleepless bed."译文不迁就译入语，展现原语的文化元素，这才是传播传统文化之王道。

三、翻译伦理视角下的古诗词英译

伦理学思想最早起源于西方古希腊，在演变过程中产生了多种学说与理论。法国著名翻译家安托瓦纳·贝尔曼最早提出了翻译伦理。1998年，美国翻译理论家韦努蒂在其著作《翻译的窘境：论差异的伦理》中提出"优秀的翻译就是用译入语来表现异域文本中的异域性"。与贝尔曼和皮姆早期的翻译伦理理论不同，韦努蒂在书中提出了"存异伦理"的思想，该思想关注了翻译过程中的政治因素，尤其是文化强国在翻译过程中产生的霸权现象，因此，主张用"异化"策略对抗文化强国实施的文化霸权，并指出翻译需要再现原语文本中的文化价值和特征。这种观点正好符合中国古诗词翻译的现状，能积极推动中华文化外译项目，并且让世界了解中国古诗词文化，了解中华文化。

我国的古诗词经历了数千年的发展历史，内容丰富、形式多样、内涵深远。从古至今，从《诗经》《楚辞》到唐诗、宋词，再到现代诗的发展，不同形式的诗词叙述反映了不同的历史文化。在全球"汉语热"兴起的背景下，如何在古诗词翻译时注入中国元素，给中国文化带来活力？韦努蒂的"存异伦理"思想核心给古诗词翻译带来了启示。杨宪益先生于24岁时翻译了《离骚》，将文化元素体现在古诗词的翻译中。他和许渊冲等老一辈翻译家翻译了许多古诗词作品，他们的译作不仅完成了作品的语言翻译，还充分展现了中国文化内涵。《诗经》《楚辞》《唐诗三百首》《宋词三百首》《李白诗选》等作品的外译为如今的古诗词翻译以及中华传统文化的传播奠定了坚实的基础。例如：

第六章 语言文化英译

浣溪沙

〔北宋〕苏轼

徐门石潭谢雨,道上作五首。潭在城东二十里,常与泗水增减,清浊相应。

其四

簌簌衣巾落枣花,

村南村北响缫车。

牛衣古柳卖黄瓜,

酒困路长惟欲睡。

日高人渴漫思茶,

敲门试问野人家。

译文:Silk-Washing Stream

Su Shi(Beisong Dynasty)

I went to the Rocky Pool to give thanks for rain and composed the following five stanzas on my way. The pool is 20 li east of Xuzhou. Strange to say, its water rises or falls with River Si and turns clear or muddy like the river.

Date-flowers fall in showers on my hooded head,

At both ends of the village wheels are spinning thread,

A straw-cloak'd man sells cucumber'neath a willow tree.

Wine-drowsy when the road is long, I yawn for bed, Throat parched when the sun is high, I long for tea.

I knock at a door to see what they can give me.

这首词出自苏轼的《浣溪沙·徐门石潭谢雨道上作五首》。公元 1078 年春天,徐州(今江苏)大旱,县令苏轼率众人到城东 20 里外求雨,得到雨水后他又和众人一道去石池边谢雨。在去谢雨的路上,苏轼写下了此作。"潭在城东二十里"中的"里"是我国的一种长度单位。

古代以 360 步为 1 里，如今 500 米为 1 里。在许渊冲先生的译文中，该句被译为"The pool is 20 li east of Xuzhou"，而没有换算成"米"或者"英里"，以此来让西方读者了解中国的长度单位"里"。再如《红楼梦》第八十二回里，林黛玉安慰袭人的经典语录："但凡家庭之事，不是东风压了西风，就是西风压了东风。"不同译者进行了完全不同的处理。

霍克斯译：In every family affair, one side or the other has to win. If it's not the East Wind, it's the West.

杨宪益译：In every family, if the east wind does not prevail over the west wind, then the west wind is bound to prevail over the east wind.

英国著名翻译家霍克斯采用了意译的方法，旨在使目的语读者更加清楚地明白"西方"和"东方"在这里指的是家庭成员中的"一方"和"另一方"，而杨宪益老先生的翻译则是逐字对应，毫厘不爽。他本着翻译伦理学"异化"的原则，旨在突出中国元素，让西方人了解中国的传统语言文化特色。

总之，翻译伦理学得到了译界学者的广泛关注，尤其是"一带一路"倡议提出以来，我国加快了文化对外宣传的步伐，西方社会也对中华外译项目提出了更高的要求。在文化多元化的世界里，各民族文化都已经趋于融合，中国古诗词包含了很多中华传统文化的元素，译者翻译作品时应努力再现原诗中的文化意象，使中国特色文化被外国读者认识和领略，促进中西方文化交融，推动中华文化"走出去"。

第三节　中国特色词汇文化英译

一、中国特色词汇的定义和特点

中国特色词汇指的是具有中国特色、反映中国特色文化的词汇，它们渗透在政治、经济、宗教、文学、艺术、体育、科技、民俗等领域。在中国文化传播的过程中，中国特色词汇文化英译直接影响了文化传播的效果。如何对中国特色词汇进行文化英译一直以来都是学界探讨和关注的重要问题。

早在1980年，葛传椝就提出了"中国英语"这一表达，他认为一些特有的中国元素需要在翻译中表达出来，如：科举、翰林院、八股文、四书五经、现代化建设、改革开放、坚持四项基本原则等，这些词不属于讲英语的民族，但却具有旧中国和新中国时期鲜明的特征，这些应该被译成"China English"。经过解释，他们便能理解这些词语的意思。中国英语是一个合理存在，与之相关的具有中国特色的词汇英译表达也是合理存在的。1993年，李文中将中式英语与中国英语进行了区分，并进一步对中国英语进行了界定，他基本认同中国英语定义的三部分：一是中国人在本土使用的；二是以标准英语为核心的；三是具有中国特点的，但也提出了一些独到的见解，对第一条"中国人在本土使用的"进行了补充，认为除了本土使用的以外，还有一些直接被音译进入英语的词语，如：kowtow（磕头）、kungfu（功夫）、fengshui（风水）、mahjong（麻将）等，还有一些由西方人杜撰出来描述中国特有事物的词语，如 Communist China（共产主义中国）。此外，李文中对第二条中的"标准英语"有所质疑，他认为英国英语和美国英语已经不再是仅有的两种标准英语，而只是两种国别的变体，因此他认为中国英语是以规范英语为核心，表达中国社会文化各领域的特有事物，不受母语干扰和影响，通过各种翻译手段进行英语交际，具有中国特点并且能够被讲英语的国家接受和理解的词、句子和语篇。

二、中国特色词汇文化英译现状与难点

中国特色词汇区别于普通词汇，它的翻译必须依附于具体语境，不能孤立存在。它的重点不在语言层面，而在于文化内涵层面。目前的国

际交流中，中国特色词汇出现在各类文本中，如成语、俚语、俗语等，使用频率高、范围广，因此译文的准确性显得极其重要。在翻译过程中，对于原语中的文化意象到底是该"保留"还是"替换"，这取决于如何才能通过译文看到文化内涵并传递传统文化意象。

中国特色词汇包括了专有名词和一般词汇。专有名词包括了人名、地名、组织机构名称等，用法相对单一，含义相对固定，翻译难度不大。也有一些新名词会随着社会发展而出现，一时无法找到对应的词语，但经过研究和考证之后会得出相对准确且较为稳定的译文。一般词汇分布在人们生产和生活方面，一部分词语客观具体、所指明确、用法单一；还有一部分词语主观抽象、定义模糊、用法多样。在这些特色词语中，有关中国古代特色的词汇承载着传统文化的特色，数量基本固定，但是目前还没有广泛认可的译文版本供参考；新中国特色的词汇能反映中国某个特定时代的特点，但随着时代发展，现当代文化词汇的内容不断更新，网络新词的出现对于译者本身的语言功底和综合知识是个巨大的考验，文化空缺是译者面临的最大挑战。纵观中国特色词汇的文化英译现状，可以看出，中国特色词汇文化英译的难点在于以下几方面：

首先，同样的事物在不同语境中含有不同的引申义。如"方便"一词，最直接的英文翻译是"convenient"。但是在不同语境中，意思截然不同，如下表所示：

表 6-1 "方便"一词在中英文不同语境中的解释

中文词条	中文释义	英文翻译
1. 方便面	快餐面、泡面、即食面	instant noodles
2. 在你方便的时候，给我回个电话。	在空闲时间给我回个电话。	Please call me back when you are free/convenient.
3. 我想去方便方便。	我想上厕所。	I want to answer a call of nature.
4. 居住在这里，出行很方便。	居住在这里，交通很便利。	The transportation here is convenient.

第六章　语言文化英译

　　上述四种情况，只有 2 和 4 与英文"convenient"基本对应，对于其他几种语境，如果没有相关的释义，讲英语国家的人肯定是无法理解的。

　　其次，格式整齐的成语、俚语、歇后语等，翻译时不能形义兼顾。大部分情况下，译文都只能二者顾其一，即得"义"忘"形"或得"形"忘"义"。如：举世闻名、四面楚歌、八仙过海——各显神通、泥菩萨过江——自身难保、蚕豆开心——黑心等，每一个表达背后都有一个典故，或者是通过某个现象来表达一定的寓意，在译文中无法通过形式对等来实现意义对等，即所谓的"形义兼顾"。就如同我们所熟知的丹麦乐队 Michael Learns To Rock 所改编并由 Jascha Richter 主唱的由中文改编的歌曲——"Take me to your heart"，以及《传奇》的英文版，都只是做到了曲调一致，歌词却不同，即得"形"忘"义"。

　　最后，当一般词汇被赋予新的文化色彩时，译者首先要充分体会词汇应用的语境。如：2017 年，习近平总书记在新年贺词中在提到新时期社会主义建设时用了一句"撸起袖子加油干"，其实并不是让全国人民挽起袖子来干某一项体力活，而是指新时代赋予我们的使命，要求全国人民同心同力，更加努力地完成使命。因此，"撸起袖子加油干"便成了当年各行各业的流行语，在各大网站均被译为："Roll up our sleeves to work harder!"所指明确，无任何歧义。又如：在 2005 年时，习近平总书记首次提出了"绿水青山就是金山银山"这句"生态文明"金句时，用"金山银山"这种中国人非常熟悉的物质化事物将"绿水青山"的重要性体现得淋漓尽致。因此，中国官方将该句译为"Lucid waters and lush mountains are invaluable assets."如今这种译法已经普遍被媒体采用。

　　总之，中国特色词汇的文化英译并没有完全规范化，部分特色词汇在英译过程中出现了空缺，还有相当一部分词汇出现了完全空缺。如何克服语言难关，应对空缺，传播文化，实现特色词汇的有效英译，是亟待解决的问题。

三、中国特色词汇的文化英译策略

中国英语是英语在中国快速发展的时代产物,是中国学习者在国际交际中使用的英语语言的变体。目前,中国英语还没有完全发展壮大,也并未完全被国际社会接受,但中国特色文化相关的词汇英译已越来越频繁地出现在国际交流中。

(一) 音译或音译加注释

音译,顾名思义,和发音有关。外译中的音译一般指将外语中的外来话翻译成发音近似的汉字。这种翻译只保留了语音和书写,没有兼顾到意义。中译英的音译是指将汉语词汇用拼音的方式表达出来,只保留语音的一种翻译策略。因此,对于一些独存于汉语的中国特色文化词汇,在英语中又无法找到对等的翻译时,音译是保存这些词汇原有特征及中国特色的有效手段,既表达了独特的汉语概念,又解决了因词汇空缺而导致的不可译现象。目前,汉语拼音已经越来越频繁地出现在英语词汇中,有些甚至被《牛津英语词典》收录。如:微博(weibo)、城管(chengguan)、二胡(erhu)、胡同(hutong)、大妈(dama)、人民币(Renminbi)、福娃(fuwa)、阴阳(Yin and Yang)、天安门(Tian'anmen)、山寨(shanzhai)、淘宝(taobao)等词语。这些词语初次出现于文中时,一般都会采用音译加注释的方式,如:"人民币"可用音译加注释的方法,译为"Renminbi(¥), Unit of money in China"。这样不仅能传递独特的汉语概念,弥补词汇空缺,还可以使目的语读者明白文化内涵,后面再次出现时,直接用音译表达,简单明确且便于记忆。

(二) 直译或直译加注释

直译,顾名思义,直接翻译,按照原文逐字逐句进行的一种对等翻译,既保持原文内容又保持原文风格和形式。一般在译文中如果能找到对等词汇的时候就可以采用直译法。但有些情况下,西方人不能够完全理解直译过来的译文所承载的隐含意义。为了帮助西方读者更好地理解这些词汇的文化内涵,首次出现时用直译加注释的方法不仅可以保证译文内容的真实性，也能保证译文的流畅性和可读性。如：纸老虎（paper tiger）、和谐社会（harmonious society）、"一国两制"（one country two systems）、菜篮子工程（vegetable basket project）、四个现代化（Four Modernizations）、佛系青年（Buddha－like youth）。在这些译文中，纸老虎、和谐社会和"一国两制"都具有非常独特的历史背景，字面意思和隐含意义都很清楚，可是四个现代化和佛系青年就不太容易理解了，用直译加注释的方法将"四个现代化"译为"Four Modernizations, the modernizations of agriculture, industry, national defense, and science and technology"，"佛系青年"被译为"Buddha－like youth, young people who adopt a peaceful mindset, do what they like or want and care about nothing"。再如："三从四德"（three obediences, and fourvirtues），是中国古代封建社会妇女必须遵守的道德准则，也是男性选妻的标准。三从是未嫁从父、既嫁从夫、夫死从子；四德指的是妇德、妇言、妇容、妇功（妇女的品德、辞令、仪态、女红）。只有在译文中将这些解释清楚了，译语读者才能理解。如：Women in old China had to obey the three obediences and four virtues according to confucian principles. Three obediences: obedience to father before marriage, obedience to husband after marriage, obedience to son after husband's death; the four virtues: morality, proper speech, modest manner and diligent work.

（三）意译

意译是翻译常用的方法之一，指在对原文充分理解的基础上，根据原文所表达的真实意思进行翻译，而不拘泥于原文词句的意思和形式与结构的限制，意在强调保留原文的内容和主旨大意。这样不仅能解决语言差异，还能够更好地体现译入语的语言特征。如果在译文中找不到对等的词汇，也无法用拼音形式简单地呈现原文词汇，译者多会采用意译的方法来解决。如：春节联欢晚会（Chinese Lunar New Year gala）、年夜饭（family reunion dinner）、银发族（senior citizen）、肉夹馍

（Chinese hamburger）、汤圆（tangyuan — sweet dumplings made of sticky rice flour served in soup）、洪荒之力（primeval powers）等。还有一些更为典型的例子，如电影《美丽的大脚》中的主人公将"好好学习，天天向上"翻译为"Good good study, day day up"，它真正的含义应该是"Work hard and make progress every day"。"人山人海"也被人们开玩笑式地译为"People Mountain People Sea"，它的实际意思是人群如山似海，形容聚集的人数非常多，译为"a heavy collection of people"更容易被英语国家读者理解。

21世纪是全球经济化的时代，也是我国文化"走出去"并真正"走进去"的时期。无论是我国的古诗词，还是具有中国特色的词汇，都有鲜明的特色，是我国传统文化的缩影，也是国家的文化名片。翻译工作者应立足于我国语言文化特色，从传播文化精髓及特色出发，在归化、异化等方面采用音译、直译、意译，以及加注释的各种译法，积极促进国际交流合作，推动中西方文化的交流，促进中华文化的对外传播。

参考文献

[1] Claire Kramsch. 语言与文化[M]. 上海：上海外语教育出版社，2000.

[2] Cronin，Michael. Translation and Identity[M]. New York：Routledge，2006.

[3] Hatim，Basil，Jeremy Munday. Translation：An Advanced Resource Book[M]. London and New York：Routledge，2004.

[4] Eugene A. Nida. 语言与文化——翻译中的语境[M]. 上海外语教育出版社，2001.

[5] Tylor，Edward Burnett. Primitive Culture[M]. Cambridge University Press，2010.

[6] 白靖宇. 文化与翻译[M]. 北京：中国社会科学出版社，2010.

[7] 包惠南. 文化语境与语言翻译[M]. 北京：中国对外翻译出版公司，2001.

[8] 恩格斯. 家庭私有制和国家起源[M]. 北京：人民出版社，2018.

[9] 傅敬民. 实用商务英语翻译教程[M]. 上海：华东理工大学出版社.

[10] 黄成洲，刘丽芸. 英汉翻译技巧[M]. 西安：西北工业大学出版社，2008.

[11] 黄勇. 英汉语言文化比较[M]. 西安：西北工业大学出版社，2007.

[12] 黄振定. 翻译学的语言哲学基础[M]. 上海：上海交通大学出版社，2007.

[13] 李建军. 新编英汉翻译[M]. 上海：东华大学出版社，2004.

[14] 李建军. 文化翻译论[M]. 上海：复旦大学出版社，2010.

[15] 梁漱溟. 中国文化要义[M]. 上海：上海人民出版社，2005.

[16] 孙大雨. 英译唐诗选[M]. 上海：上海外语教育出版社，2007.

[17] 王恩科,李昕,奉霞.文化视角与翻译实践[M].北京:国防工业出版社,2007.

[18] 闫文培.全球化语境下的中西文化及语言对比[M].北京:科学出版社,2007.

[19] 赵长征,刘立新.中华文化与传播[M].北京:外语教学与研究出版社,2015.

[20] 钟书能.英汉翻译技巧[M].北京:对外经济贸易大学出版社,2010.

[21] 许渊冲.苏轼诗词:汉英对照(许渊冲经典英译古代诗歌1000首)[M].北京:海豚出版社,2015.

[22] 郭万杰.丝绸之路的古今比较研究[J].农村经济与科技,2015,26(3):96-98.

[23] 黄勋,张州.郑和下西洋对我国海洋事业发展的启示[J].南通航运职业技术学院学报,2016,15(3):62-65.

[24] 黄云祥.论中西方饮食文化融合与传播研究[J].今日财富(中国知识产权),2019(10):135-137.

[25] 季明旸."一带一路"背景下中国特色词汇英译策略研究[J].安徽电子信息职业技术学院学报,2020(1):89-92.

[26] 李成华,孙慧明,孙慧.论中医翻译的文化自信[J].中医药导报,2020(2):123-125.

[27] 李晓华,辛闻.从翻译伦理视角看待诗词翻译与文化传播[J].江西广播电视大学学报,2017(4):29-31.

[28] 李怡然,李梦茹,李淑媛.汉语国际化背景下中医药文化对外传播现状探析[J].中国中医药现代远程教育,2020(1):55-59.

[29] 林坚.文化与文明:界定、联系、区别[J].文化学刊,2014(5):5-8.

[30] 林乐昌.论董仲舒与张载的天人之学[J].衡水学院学报,2019,21(5):16-22.

[31] 刘亚琼.习近平关于"讲好中国故事"的五个论断[J].党的文献,2019(2):17-23.

[32] 刘志刚.汉字文化圈的历史演变及其当代价值[J].云南师范大学学报(对外汉语教学与研究版),2020,18(6):84-89.

[33] 鲁旭.中医文化的海外传播与翻译[J].晋阳学刊,2019(3):141-143.

[34] 任少伟.融媒体时代下传统文化的传播路径研究[J].记者摇篮,2020(2):34-35.

[35] 孙小美.中国古代四大发明——纸[J].中国科技月报,1999(1):60-61.

[36] 孙小美.中国古代四大发明——印刷术[J].中国科技月报,1999(2):59-60.

[37] 孙小美.中国古代四大发明——火药[J].中国科技月报,1999(3):60-61.

[38] 谭振江.阳明心学"知行合一"说的佛学关联[J].山西高等学校社会科学学报,2020,32(12):6-9.

[39] 王克非.论中国特色文化词汇的翻译[J].外语与外语教学,2016(6):87-93.